AKA Louis

La Coupe De Vin & L'Arabisme

Ou La Voie Poétique des Lettres X des Versets

© 2020, AKA Louis
© *Silent N' Wise / Silencieux X Sage*
Couverture, Textes et Artwork
Par AKA Louis
Éditeur : BOD – Books on Demand,
12 – 15 rond-point des Champs Élysées,
75008 Paris
Impression: BOD - Books on Demand,
Allemagne

ISBN: 9782322205998

Dépôt Légal: Avril 2020

Table des Matières

I / PREAMBULE

1/ La Coupe de Vin & L'Arabisme /9
2/ Avertissement /12
3/ A Propos de Style /19
4/ Résumé de cet Opus /20
5/ La Ponctuation Dans Le Texte /21
6/ Notes de Lecture /22

II / TEXTES POETIQUES

1/ La Coupe de Vin & L'Arabisme /27
2/ La Voie des Lettres & des Versets... /237

III / BIO X INFOS

1/ Bio /249
2/ Contact x Liens /251
3/ Ouvrages de L'Auteur /252
4/ Audio x Vidéos /254
5/ Conseils de Lecture/1 /256
6/ Conseils de Lecture/2 /257

La Grâce_ Réelle_

D'Une_ Colombe

Est Victorieuse...

Comme_ La Coupe_
De Vin_

X, L'Arabisme...

...

'AKA'

Je Veux_ du Vin
Pour_
Faire Fleurir_

Mon Tapis_ de Prière.

Je_ Veux_ La Lune,
A Son_

Summum_

En Arabisme/s_ de Clarté/s.

'AKA'

PréAmbule/
Avant Propos/Avertissement/ Résumé/ & Notes de Lectures/.

C'Est_ Une Noblesse_
D'Être Arabe...

Je Bois_ du
Vin_
Jusqu'Aux
Arabesques...
De La Coupe_

Ciselée...

Les Corolles_
De La Marge_
La Plus_ Empourprée...

Sont_ Esquissées
Sur_ Le Velours_
Du Tapis_ Imprégné_ de
Prières... ...

Si Je_
M'Agenouille_

Que T'Importe?

... Si Je Suis_
Ivre_

Pourquoi_ T'En
Plains_ Tu...?

'AKA'

1/La Coupe de Vin & L'Arabisme

Les Modes d'Approche
du Réel, Que Sont Le
Soufisme Et Le Dervichisme,
Ont Proposé de Goûter
La Réalité, Au Delà de Tout
Intellectualisme...
Tout En Restant Rationnel...

Cette Aventure de L'Ivresse,
du Voyage, Et du Pèlerinage Intérieur,
Font de La Poésie, de L'Art,
Et de La Beauté,
Les Modes d'Expressions Privilégiés
du Cœur...

Au Centre des Langues, Non Arabes,
La Langue Arabe, A Été Le Véhicule
de ces Approches du Monde,
En Témoignant de Par Sa Subtilité,
Que La Poésie, Est Le Réel, Lui Même.

Prisée, par Les Érudits,
Du Monde, de L'Âme...
X, Malmenée, Aussi, Avec La
Largesse Compatissante, de La
Poésie... Et Par Manque de Maîtrise,

Elle fait Éclore, à Leur Portée,

Un Imaginal,
Puissant, Et Prodigieux...
Et, En Cela, Le Moyen d'Expression,
de Leurs Convictions,
Est Devenu, Le Témoignage de Leur
Arabisme... Même En Contexte, Non Arabe.

Cet *Arabisme de Culture Et de Poésie*,
Où, Le Plus Inaccessible Devient Possible...

Est Un Lieu d'Hospitalité,
En Lequel Un Cœur, Sait Reconnaître,
Un Cœur... Et,

Ce N'Est pas de Politique Dont Il Est
Question, Ici...
Mais de Questions Purement, Humaines...

Où La Fraternisation, Par L'Arabisation,
Issue de La Pratique, se Situe, Au Delà de La Race,
Purement, Et Simplement, Ou des Questions,
Ethniques, dans ce Qu'Elles Ont de Plus
Destructeur...

Car Au Sens de La Définition, Stricte,
Le fait d'Être Arabe, Ne se Réduit, A Une
Question d'Origines... Mais Offre des Ramifications
Par La Langue & la Culture...

D'Où L'Expansion, d'Une Culture de La
Langue, ou de L'Alphabet Arabe, A Travers L'Asie,

L'Afrique, L'Europe Orientale Et Plus Loin,

Encore... Qui A Mis En Valeur, L'Érudition,
de L'Amour, de La Fraternité, Et de La Lutte,
Pour La Liberté d'Âme, de Corps, Et de Cœur
de L'Être Humain... dans Une Approche Prude...

L'Islamisation des Peuples Passe Par Le
Contraste Arabe/Non Arabe,
Et Ne Peut se Réduire A Un Lien Avec L'Arabité,
Ou L'Arabisme...

L'Enjeu d'Un Arabisme de Culture & de Lettres,
Est de Faire, de L'Arabisme, Autre Chose qu'Un
Hégémonisme, qu'Un Nationalisme, Ou Même,
Par Contradiction, Un Orientalisme... Ou
Qu'Une Arabophilie...

Ce Serait Le Début de La Renaissance d'Un
Âge d'Or, que d'Avoir ce Parti pris,
Pour des Raisons, Esthétiques de Beauté,
Et d'Art, Basés Sur Les Canons de L'Éthique,
Autant que Pour Celles, Plus Prosaïques,
Sachant, Qu'Ensemble, Elles Font Éclore Le
Cœur, Incitant Ainsi L'Âme à L'Action, Et
A La Prise de Risque La Plus Salvatrice...

Nul N'Est Obligé d'Être Arabe, *que ce Soit,*
Par Le Biais, de La Pratique Religieuse, Ou Par
Coercition, Autre...
Mais L'Appel de La Marge La Plus Noble,
Fait Fleurir, Les Fleurs, de L'Amour Le
Plus Juste, Et le Plus Fraternel... Chez L'Être
Humain... Au Delà des Préjugés...

2/Avertissement

En s'Appuyant Sur Les Travaux des
Universitaires, Nous Pouvons Définir Deux
Tendances : L'Arabisme,
Comme Nationalisme...
Ou Identification Ethnique,
ce Qui Est Différent,
Avec ses Dérives, Et Son Autoritarisme,
Mais Aussi Sa Lutte Pour La
Souveraineté des Peuples Arabes...
L'Arabisme, Comme Culture,
Et Échange des Idées, Via Les
Lettres Arabes, Même, En Dehors de La
Langue Arabe Elle Même...

Nous Osons, Une Définition,
Différente qui Est Celle du Parti Pris d'Un
Arabisme de Point/s de Vue/s Poétique/s, qui
Est Le Jeu du Contraste Culturel,
Où Les Rencontres, Ne Sont pas Victimes
des Oppositions, Tacites, Ou Occultes,
Grâce à L'Amour Ultime,
Uniquement... C'Est Une Voie Radicale, Mais
Elle Est Belle... Et Peut Être, Efficace...

C'Est Le Jeu Tragique de La Créolité,
Qui Nous A Mis Sur ce Chemin, Et La
Question du Métissage, Et de L'Esclavage,
Aussi...

Afin de Ne Pas Tomber dans Les Pièges
du *Colorisme*, Il Nous Faut Travailler Sur
L'Arabisme,
En Tant que *Voie de Lettres et de Versets*,
C'Est à Dire, Possibilité, de Faire Le Monde, Par
La Poésie, Et Le Langage, Le Plus A Même
d'Exprimer
Les Réalités du Cœur...

C'Est La Voie de La Coupe de Vin,
Et de L'Arabisme, Par Le Partage, Et L'Amour,
d'Une Fraternité, Arabe/Non Arabe, A L'Expression,
Ambidextre, Mais Claire, de Par sa Sincérité...

Certes, ce N'Est pas Une Solution à Tout,
Mais C'Est Une Voie, Royale, Et Majestueuse,
Car C'Est Celle de L'Amour Ultime, pour Celui,
Et Ceux Dont On A pas Voulu...

Un Salut pour Les Exclus, Et Pour Les Pauvres.
Ceux Qui N'Ont d'Autres Choix que L'Impasse.
Un Salut Pour Les Sans Salut... *Et Les*
Sans Altérité...

Cela Peut Sembler Une Rêverie, Mais
La Poésie fait des Miracles... Car ce Sont Les
Lettres qui Font Le Monde...
Et qui Le Sauvent, quand Il va A sa Perte...

L'Arabisme comme Contraste
Poétique, Parti Pris de Lutte
Sociale, Et Main Tendue à Celui qui
Recherche Salut Et Fraternité...

L'Arabisme, comme Parti Pris
Poétique de Lutte et d'Humanisme,
Est une Prise de Position, qui Laisse
Place à La Respiration, Et à L'Amour
du Prochain...
La Question de Savoir si *L'Afrique* Est Noire,
Ou si Elle Est Blanche, Ne Résoudra Jamais Le
Problème de *L'Afrique*...
L'Afrique A Besoin de Contraste pour Sortir
de Sa Sclérose, que se Soit, Au Sein du
Continent, ou *Dans Sa Diaspora*...
La Question de La Couleur Noire, Est Un
Grand Piège Spirituel, Et Elle Mène Tout
Droit, A L'Enfermement, Et Au Repli Sur Soi,
de La Manière La Plus Cruciale Et Insoluble,
Pour Le Pire, Et Jamais Pour Le Meilleur...
La Culture Africaine Consiste à Aimer Son
Prochain, Et Non, A Le Haïr, Au Nom d'Une
Supériorité Supposée Et Jamais Démontrée...
Les Grands Hommes Et Martyrs, qui se Sont
Battus,
Pour Les Grandes Causes de Libération,
Post/Coloniales, Et Esclavagistes, L'Ont Tous
Fait Au Delà du Dualisme, Même Si La Lutte
Contre Le Racisme Bien Identifié, A Été Leur
Moteur... Et Leur Préoccupation...
Se Demander Si Quelqu'Un Est Blanc Ou Noir,
N'Est pas Nécessairement *Africain*, Et à Plus
Forte Raison, Au Risque de Surprendre, N'Est pas
Arabe Non Plus... Cela Peut Sembler Ne pas se
Vérifier
Dans Les faits, Mais Cela se Vérifie dans La
Culture, Et Les Traditions...

Lorsque Les Héros de La Culture Urbaine,
Américaine, que sont Les 5%ers, Renomment, Les
Villes des Ghettos Selon La Toponymie de La
Péninsule Arabique, Ils Font Preuve d'Arabisme...
Quand Bien Même Certains Plus que d'Autres,
Revendiqueraient Ne pas Être Arabes...

Lorsque Les *Africains,* Identifient Les
Populations Nomades de *L'Afrique,* SubSaharienne,
à L'Orient, Ou Au Moyen Orient,
Ou que ces Mêmes Populations,
Identifie L'Arabie, Ou Le Golfe Persique,
Comme Leurs Origines, Mythiques, Ils Flirtent,
Également Avec L'Arabisme, Comme Dimension,
Salutaire de La Culture... Cela N'Est pas Islamique,
Au Pied de La Lettre, Mais, Cela L'Est, Au Delà
de La Lettre, du Racisme, Et Peut Être Aussi, de
La Politique... Au Sens Le Plus Trivial...
En d'Autres Termes, Cela Est Fraternel...

Car Tout Le Monde Ne Peut pas Être,
Noir, Et Tout Le Monde, N'A pas à L'Être...

Car L'Arabisme, Comme Parti pris Poétique,
Est Une Réaction Culturelle, à L'Exclusion,
Et A La Marginalisation, A L'Esclavagisme,
Bien Compris, dans Ses Rouages, Les Plus
Pernicieux, Et A La Nécessité d'Aimer Autrui,
Comme Soi-Même, Quand Bien Même Il Pourrait
Sembler Radicalement Différent...

Voilà Pourquoi L'Arabisme s'Accompagne
Toujours de La Coupe de Vin,

Car Sans Amour du Prochain, Non
Seulement Le Racisme, Et Ses Crimes,
Nous Guettent, Mais,
de Plus, Ils Restent Insolubles, Pour Le Pire,
de Ceux Qui Ont Vraiment Aimé... Et des
Autres...!!! Aussi... Même, Convaincus du
Contraire...
S'Il fallait Oublier Tout Les
Héros de la Culture Afro, ou Arabe,
Parce qu'On N'A Pu les Définir comme Noir
Ou Blanc, Uniquement, Il Ne Resterait pas
Beaucoup de Monde...

La Voie du Milieu Est Celle de L'Amour
du Prochain...

Nous Avons Tous Besoin Les Uns, des
Autres, Sur La Base d'Un Amour Réel, Et
Désintéressé...

C'Est ce que Nous Apprend Le Jeu
du Contraste, Car L'Un, Peut Toujours,
Être L'Autre... Par Amour, Et Non,
Par Confusion... Au Nom de
La Compassion, Et de La Miséricorde.

La Pratique Religieuse, Mène à L'Arabisation,
Mais L'Arabisme, Et La Coupe de Vin,
Est Un Au Delà du Joug, Et de La Coercition,
Ou Plus Précisément, Une Pratique
de L'Au Delà de La Lettre...
C'Est à Dire, Libérée, des Concepts...
Et de L'Exclusion...

La Poésie, du Contraste, Est La Plus
à Même d'Exprimer La Réalité du Cœur, Sans
Tomber dans Les Pièges du Concept...

Elle Rend Hommage Au Réel des Cœurs...
Et des Âmes...

Autour de La Coupe de Vin,
Viennent Éclore, Les Fleurs, Et Les Dunes,
Sous La Lune, Promettent La Liberté,
Par L'Effort... Il Y a Toujours Une
Oasis, En Poésie... Pour Notre Salut,
Par L'Ivresse, de Ceux qui se Sont Égarés,
Au Milieu du Désert... Et qui Ont
Survécu... Pour Aller Plus Loin...
Que Promis...

Chaque *Culture* Porte En Elle Même,
Les Principes de *L'Amour du Prochain*.

Ce Livre Ne Contient Pas de
Considération Sur La Langue
Arabe, Ou Sur Les Lettres
Et L'Alphabet qui Lui Sont
Liés...

Il s'Agit Plutôt d'Un Essai
Poétique, Tenté, A Travers,
Une Vision, de Lettres Et de
Vers, Sur La Pluralité des
Mondes, d'Un Univers, Possible,
Mais Inexistant.

Il Ne S'Agit Pas Pour Autant
d'Une Utopie, Mais d'Un
Témoignage, Et d'Une Attestation,
Poétique, Concernant L'Origine du
Martyr, qui Font de L'Arabisme,
Considéré, Comme, Iconoclasme,
Une Voie de Salut, Et Un Espoir de
Sérénité.

C'Est Également, Un Ouvrage, Qui
Contient de Nombreux Excès Et Provocations
Poétiques. Il Est A Lire, Et A Consulter Avec
Tout Le Recul Et la Distance qui s'Imposent.
La Poésie, Ne se Réduit pas A L'Écriture,
de Textes, Mais Consiste En Une Approche
Particulière du Monde, Qui Implique,
Action, Engagement, Et Convictions, d'Ordre
Humaniste, Par La Pratique de L'Art.
Les Textes, Ont Été Rédigés, Dans Une
Période de Temps Très Courte,
Mais de Manière A ce Que L'Expérience de
Lecture Soit *La Plus Riche Possible.*
Il Faut Prendre Le Temps de Lire Le Livre,
A Son Rythme, ou de Le Relire,
Afin de Saisir, Les Détails, Comme
L'Ensemble.

#Poesie #Bacchique #Arabisme #Perse
#Afrique #Orient #Asie #Fraternite
#Ivresse #Theme #Voyage
#Contraste #Antagonisme #Pardon
#MoyenOrient #Paix

3/ A Propos De Style

Nos Textes n'Ont Pas de Prétention à La Sagesse, ou Aux Sens Cachés. Ils Constituent, Avant Tout une Invitation, à Vivre, que Nous Transmettons, après l'avoir Nous Mêmes Reçue. Nous Ne Faisons qu'évoquer des Aspects Culturels, Accessibles à Tout Le Monde, et à Celui, En Particulier, Qui Sait se Frayer Un Chemin, Malgré Les Apparences Trompeuses. La Dimension Allégorique et Métaphorique des Textes des Poètes Orientaux, est Faite Pour Éveiller la Jeunesse, et Lui Permettre de Trouver Un Espoir et Une Issue. Derrière la Façade des Plaisirs, et de la Licence, Apparentes Seulement, ce Sont Les Plus Grands Thèmes, et Les Tensions Existentielles Les Plus Épineuses, Qui Sont Évoquées Et Résolues par l'Ivresse. Sans Pouvoir Atteindre l'Intensité et La Noblesse de cette, Ivresse Pieuse, Nous Avons Choisi à Travers Nos Œuvres, Le But de Perpétuer Un Certain État d'Esprit, en l'Actualisant Avec l'Ère Moderne et le Style Contemporain. Les Fondamentaux du Langage soutenu Sont Là, Mais la Fantaisie, N'est Pas Absente... L'Ivresse Poétique, N'est Pas Seulement
Un Domaine, de Lettres, Mais Aussi
Une Discipline de Vie...
(Dans ce Livre, La Question du Narrateur, Reste Posée. Mais Ni L'Auteur, Ni Le Lecteur, Ne Sont Obligés d'Y Répondre)

4/Résumé de Cet Opus

'La Coupe de Vin & L'Arabisme',
Est Une Réflexion Profonde
Sur La Fraternité,
Et La Pluralité des Mondes,
A Travers Le Pèlerinage
de L'Amour, Et du Cœur, Le Plus
Épanoui...

… Par La Poésie, de L'Ivresse,
En Pratique de Lettres, Et de Vie,
Intérieure, Comme de L'Audace des
Actions, Les Plus Osées, Et Guidées,
Par L'Amour, du Prochain,
Le Plus Proche, Comme Le Plus,
Inattendu, AKA Louis, Livre, 189 Textes,
Poétiques, Et Un Texte Thématique,
Qu'Un Insolent Espoir N'Aurait Peut Être,
Pas Prévus...

Au Delà des Questions, Habituelles,
de Langues, de Géographie, d'Histoire,
Et de Cultures, Dans Toutes Leurs
Complexités, Et Leurs Nuances, C'Est
Une Proposition d'Humanité, En Acte,
Qui Transparaît, Dans Cette Œuvre.
'La Coupe de Vin, & L'Arabisme', Est Un
Livre, Fort, Qui Ouvre des Perspectives.

5/La Ponctuation Dans le Texte

Virgule/, : Une virgule marque un léger temps d'arrêt. Idem pour une coupure : (…)
Points de suspension/ … : Les points de suspension marquent environ deux temps d'arrêt et de silence.
Doubles points de suspension/ … … : Deux groupes de points de suspension marquent environ quatre temps soit une mesure d'arrêt.
Saut de ligne : Un saut de ligne marque une pause, bien sentie. Un saut de deux lignes marque une double pause, bien sentie. Un grand tiret/ _ : Un grand tiret marque une pause subtile, avec appui sur la dernière syllabe. Retour à la ligne : Un retour à la ligne marque un rejet d'un mot, mis en valeur au début du vers suivant, avec un appui sur la fin du vers précédent. X ou x : Un « x » signifie « et ».
Tempo : La durée des temps d'arrêt ou de silence se détermine par rapport au tempo de la lecture. Ce tempo est celui d'une lecture « normale ». Elle est plutôt vive et rapide, mais laisse place aux mots. //
La rythmique des textes n'est pas toujours évidente, mais elle est bel et bien présente. Le Lecteur doit retrouver la dimension verbale, et musicale poétique, et accéder ainsi à la Signification Interne.

Ces éléments de ponctuation ne sont que des indications. Leur utilisation relève parfois, aussi, de l'esthétique. L'emploi inhabituel des majuscules est pure Licence Poétique, et ne doit pas dérouter le Lecteur.

6/Notes de Lecture

L'Expression d'Un Arabisme
Poétique, Ou d'Un Arabisme
des Lettres *Et* des Versets, Peut
Paraître Incongrue, Mais, Elle
Ne Manque pas de Réalisme,
Tant que Les Fondamentaux des
Cultures et des Sensibilités Sont
Respectées...

Il s'Agit En fait, Plus d'Un
Point de Vue de Vie Intérieure,
Et d'Une Évocation de Mondes
Internes, que d'Une Manière
d'Envisager Les Événements de
Manière Strictement Politique
Ou Religieuse...

L'Adoption d'Une Telle Attitude
N'Est pas Sans Conséquences, Mais
Le But Et Les Intentions, Sont Très
Concrètement Humanistes...

Les Craintes Et *Les
Remises En Question de L'Arabisme
Politique* Pourront Laisser Songeur
Face à Une Telle Approche...

Nous Pensons, Pour Notre Part,
Qu'Elle N'Est pas Loin,
d'Une Manière de Penser, qui

A Pu Existé A L'Origine, de
L'Expansion Religieuse, Culturelle,
Scientifique, Et Littéraire, Ayant
Eu L'Arabie, Pour Point de
Départ, Et La Perse, Et Bagdad,
Pour Creuset, d'Élaboration, Plus
Avancée...

Nous Ne Parlons, Pas Arabe, Nous
Même, Bien que Nous L'Aurions Voulu,
Et ne Maîtrisons, pas
Nécessairement, Les Fondamentaux
Les Plus Basiques, de cette Langue...
Mais Nous Avons Suffisamment, Été
Subjugué, par La Beauté Et par L'Art,
de Son Maniement, Et de sa Musique,
Pour Comprendre, L'Attrait Qu'Elle A Pu
Avoir, Et Le Miracle Linguistique
Qu'Elle A Pu Engendré...
*Il Y a Beaucoup A Faire Sur Le Plan,
De L'Art, & des Lettres, car L'Arabe,
Est Une Langue de Poésie, Et de Grands
Poètes, dans Ses Fondements Culturels,
Comme Dans Son Histoire, La Plus
Authentique...*
Ce Livre Est Difficile, Et Insolite,
Mais Reste Un Recueil de Poésie,
Avec Toute L'Audace, Et L'Originalité,
qui va Avec. *C'Est Un Objet Particulier.*
L'Humour, Et L'Iconoclasme, Créent Une
Distanciation, Qui Permet de Mieux Saisir Le
Texte, *Comme Une Expérience A Part.*

J'Ai Appris_ A Prier,

En Marchant_ Avec
Les
Poètes_

...

'AKA'

L'Amour_ Est
L'Interdit,

*De La Coupe
de Vin_*

... Mon Seigneur_
m'A Dit, Bois_
X, J'Ai Bu... ....!

'AKA'

La Coupe de Vin & L'Arabisme/.
189 Textes Poétiques Évoquant La Voie des Lettres X des Versets

Si Cela
N'Existe pas...

X_ Que Ceci
Ne Se Justifie
Point_

Alors, Il N'Y
A Pas de Doute
Que L'Existant_
X_ L'Inexistant

Se Jouent_ Dans
Le Contraste...

'AKA'

Je Suis Venu
Sabrer Les
Dreadlocks de
Ceux qui Ont
Trop Attendu

*Dieu_* N'Est pas
Noir...

'AKA'

1.

*... Je te Tends_*
*La_*
Coupe_ de Vin...

*Tu me_ Tends_*
La_ Rose_ du Cœur...

... La Beauté_ des
*Dunes_ sans Fin_*

Fait Fleurir_ Le
Désert...

... De Versets_ X
D'Oasis...

... Où_ Est_ La Main,

... Promise...

Qui_ Saisira,

La Mienne... ???

... La Main_ Sur_
Le Cœur_

*... Bénit_ Le Cœur_*
Dans La_ Main, Amie... ...!

2.

Deux_ Frères_

X_ Un Cœur...

... Une Fleur_

X_ des Versets.

*Une_ Coupe_*

Renversée...

... X, Le Vin_ Coule,
A Flots...

… Au Loin,
Je me Suis, Perdu...

Mais_ Dans Le Désert,
Infini...

J'Ai_ Vu_ Une Main,
Tendue...

*X_ Je L'Ai_ Trouvé_*

Mon Chemin... ...!

3.

I/

Mon Tapis_ de Prière

Ne m'A_ *Contraint_*

A L'Arabité... ...

Mais_ Les Fleurs_
*Calligraphiées_*

En Arabesques... ...

... Ont_ Permis_ Au_
Cœur...
*... De Goûter_*

*Au_ Vin_ Exquis_
De La Coupe_ Pure...*

Qui Fait_ Fleurir,

Les Arabismes_ En Poésie/s... ...

II/

Entre_ Deux_ Répits,
Je Prie_ X Je Bois_
Du_ Vin... ...

4.

Entre Arabe_
X Non Arabe_

Il Y a_ Comme
Un Parfum_

… *De_*

Fraternité…

*Ou_ de Fleurs_*

Aux_ Pétales_
Doux_
X_ Courbes… …

*Épanouis_ Par
L'Aurore_*

*X_ Les Rayons_
Doux_ d'Une Aube_*

En Contraste_ de
Tant de *Nuit/s*
Voulues… …

5.

*J'Ai La_ Coupe_ de Vin_
Pour Limite...*

*... J'Ai_ L'Arabisme,
Pour Orée_
De La Poésie_*

... Décomplexée...

*... Là Où_ L'Âme_
A Le Respect_ du
Cœur_
Éprouvé_ Par
L'Ivresse... ...*

Les Fleurs Nées, des
Versets...

*Font Naviguer_ Les
Lettres_
Sur*

Un Horizon_ de Possibles,

Entre Être_ X Non-Être,

*X Existence/s_
Multiple/s... ...*

'AKA'

6.

Comme Un Homme_ *Réduit_
A Un Cœur_*

Je Suis_ Arabe...

*Comme_ L'Al Khôl_
Obscur_ de*

Clarté...

*Je Suis_ La
Clef_ des Versets_ X_ Les*

Fleurs...

Poussent_ Sur Les Dunes_
De L'Amour_ Éprouvé

*X_ Les Mirages_
Des Oasis_ de Pureté, Attisent_*

*L'Ardeur_ d'Être_
Ou_ de
Ne Pas Être_*

... Recouvert_ d'Un
Keffieh_ Blanc_ *de*
*L'Auréolée_ Lumière_ Du Désert_*

A Perte_ de Vue_ X d'Arabisme/s... ...

7.

*Vin_ De Palme_*

*Vin_ de
Dattes...*

*Vin_ de Noix_
De
Kola...*

Coma_ Éthylique_
X_ Profond_
Sous_
Un Palmier...

D'Une Âme_ qui
Voyage_
En Presqu'Île_
X_
Horizons...

De Combes_ X de
Dunes_
Sous_ La_ Lune
Une_ X Unique... ...

Prompte_ A Faire_

Chavirer...

Une Fois_ Pour Toutes... ...

8.

Comme_ Les Dimensions, Internes

De L'Alphabet_

Calligraphiées_

Sur Plusieurs_ Plans...

J'Existe_

Ici_ X Là_

Mais Aussi_

Présentement

En Voyageur_ X,

*Nomade_ de Pure_ Clarté_*

De Vêtement_ Blanc_ De_ Maure... ...

*Face_ Aux Mondes_ X Espaces Clos_*

... X Possibilité/s de Langage/s_ Infini/s... ...

9.

*As-Tu Payé_*
*Le Prix_ de L'Écriture_*
Pour Le
Salut_ d'Un
Homme...

Marchant_ Seul_
Dans Le Désert...

Barbe_ Rouge...

Teinte_ Par La
Couleur_ du Henné...

*Ou_ La Douleur_*
*Du Vin_*

Ou, Peut Être, En

Néant de Songes... ?

*... Tu Ne Le Sais_*

*Mais Le Cœur_*
*Le Sait_*

Quand Même...

*Par Delà_ L'Ivresse_*
Des Aurores... ... !

10.

I/

*As-Tu Payé_
Le Prix_ de
L'Écriture_ Pour Le
Salut_ d'Un
Homme...*

Marchant_ Seul_
Dans Le Désert...

... Tu Ne Le Sais_

Mais Le Cœur_
Le Sait_

Quand Même...

*Par_ La Douleur
De_
L'Ivresse,*

Interdite... ...!

II/

L'Amour_ Est,
Toujours_ Un Bon Chemin,
Aux Cœurs_ Humbles...

11.

Entre_ La Barbe_ X

Les Dreadlocks

J'Ai_ Choisi_
La Barbe_

*... Longue_*
En Maure_ Prêt à
Prier...

Vêtu_ du Blanc
Du Soir_

Qui Révèle_ La
Lune...

*J'Opère_*
Sur
*Tapis_ Ciselé_*
D'Arabesques...

La Geste_ d'Une
*Prière_*
*Qui Rappelle_*
L'Alphabet...

Calligraphié...

'AKA'

12.

*Au_ Milieu_ de
L'Étendue_
Du_
Désert...*

*Je Trace_ Un
Lieu de
Recueillement_*

Puis, me Verse_
Un Verre_ de
Vin_

*Libre_ de Mes
Épreuves_*

*J'Observe_*

*Le Vol_ des
Colombes...*

X_ Contemple_
Les Signes_ du
Néant_

*Avec L'Ivresse_
Pour_
Attestation_*

'AKA'

13.

Le Secret_ des
Lettres_
Est Qu'Elles
N'Existent Pas...

*Sauf_ En Brise_
Évanescente_
De Poésie/s...*

*Si Le Monde_
Indécis_*

*Fut Créé_ Par
Les Lettres_*

X_ Que
L'Univers_
Somptueux...
N'Est qu'Un Détail

*La Gloire_ des
Lettres_ Par
Le Non-Être_*

*Fera_ du Néant_
Le Trône_ de*

L'Al Khôl... ...

14.

I/

*Les Pétales_*
De La Rose Noire,

Sont Tout
Comme_
Les Tourments_
De_
L'Al Khôl...

Ils T'Emportent_

Au Gré_ des
Vents_ X des Brises

Sans_ que Les
*Rêveries_ N'Aient_*
*Jamais_*

Existé...

X_ Au Risque
Qu'Elles N'Existent
Jamais Plus...

II/

Il_ Y A_ Une
Justice_ *En Amour...*

15.

*Entre_ L'Amour_*
*Dangereux_*
*X_*
*La_ Guérilla_*
*Du Cœur_*

Clandestin_
En, Rosacées_

X, Ivre_ Par Delà
Le Jugement...

Je Suis_ Frère,
*D'Aurores_*
*X_*
Pourpre/s...

Ors_ de Clarté,
De_ Closes

Corolles...

Frémissant_ de
*Rosées_*

Devenues, *Colombes*
*X_*
Aube/s... ....!

16.

*Je Suis_
L'Enturbanné_ des
Lunes_
Qui_ Dansent...*

Là, Où_ L'Horizon,
Est_ Circulaire...

*La_ Nuit, de Clarté
N'A Point_
De Saison/s... ...*

Le Don_ Des
Corolles_
Empourprées...

A_ Fait_ de L'Ivoire,
X L'Ébène...

*Un Tourbillon_
De_
Nuances_
Sans_ Mélange/s,*

X_ Sans Contraires.

Mais par Contraste,
X_
Or/s Pur/s... ...!

17.

*La Gazelle_
A_
Tracé_ Son_
Chemin_ de Ses_
Pas...*

*En Calligraphie,
De_ Fleurs_
Sur_
Les Dunes_
Du_ Désert... ...*

Je Lève_ Un_ Vers...

A La Lune_
A_ La beauté_

Assouvie...

*D'Incandescence,
De Pureté_
D'Essences_ X*

D'Aube/s... ...!

*Le Parfum_ A_
Enivré_
Mon_
Destin... ...!*

X_ Mon Cœur_ s'Est, Dévoilé...

18.

*Ors_ du Désert_*

*En Perles_ X
Grains_*

*Comptés_ Aux
Infinis... ...*

*Sur_ Le Chapelet
Des_*

Oasis_ X Refuges

De La Beauté

*Claire_*

Comme_ Le Don,
Pur...

D'Une Rose_ Au
Pourpre/s_
Foncé/s_

X Imprévu...

*Sont Un Hommage_
Aux Aurores... ...!*

19.

I/

*Savoir_ Si_*
La Nuit Est du Matin,
Ou du Soir...

*N'Est, pas_*
L'Évidence, d'Une
Question Simple...

En Bon Sultan,
De L'Ivresse... ...

Je Rend Hommage,
*Aux Fleurs_*
*Très_*
Pures...

De Faire Éclore_
Les Cœurs_

En, Audace/s_ de
Beauté/s...

... ... X d'Aurore/s.

II/

Je Compte_ *Les Grains de Bonté,*
X_ Les Perles_ de Réminiscence/s...

20.

Comme_ Deux_
Maures_

Psalmodiant,

Se Faisant_

Face...

... En_
Contraste,

Pur_
De_ Miroir/s_

Sans Reflets...

Qui_ Peut Dire_
Qui Est L'Autre...?

*Que_ Tu, Sois_*
*De_*
*Dreadlocks_*
*Pures_*
Auréolé... ...!

*Ou_ Barbu_*

Un Keffieh_ En,

Turban_ de Grâce/s...

21.

*Je Ne Crains_*
Pas_ La

Beauté_ de La
*Nuit_*
Car_ La Lune, A des
Tons_ Ivoire... ...

L'Envie_ d'Être
*Prude_*
*En_*
Clarté/s...

*Fait_ naître_*
*La_*
Poésie...

De La_ Pure_
Embellie_ de Bonté

De N'être_ Ni
Noir_ Ni
Blanc...

Mais Frère_ Quand
*Même_*
X_ Ivre, En Amour/s.

Au Cœur_ de Roses,

Pourpre/s...

22.

I/

*La_ Coupe_*
*De Vin_*
Est,
Pleine_ de

Perles...

... Qui_ Naissent,
X_ s'Effacent

Comme L'Ivresse,
*Qui_ Saisit_*
*Le_*
Cœur... ...

*... Je, Psalmodie_*
*La Poésie_*

*De La Beauté_*
D'Être Frère...

Assis_ En Tailleur

*Rappelant_*
La Fleur_ de Lotus

En_ la Limite,

D'Un_ Tapis_ de
*Prières_*
*Au/x_ Velours_ Beau/x_*
*X_*
Sobre/s... ... X Musqué/s...!

II/

J'Ai_ Cherché_ La
Terre_ Promise_ X, Je Ne
L'Ai Pas Trouvée...

J'Ai Voulu_ Revenir_
Chez_ moi, *X,* Je me Suis
Perdu

... ...

23.

*La Coupe_ de Vin_*
*X_*
*L'Arabisme_*

*S'Avertissent_ L'Un_*
L'Autre...

*... Comme_ Deux_*
*Pétales_ d'Une_*
*Corolle_*

Seraient_ Frères...

Si_ Le Vent_ La,
Brise_

Venaient_ A_
Effleurer_ La Fleur

Afin_ qu'Elle_ Ne

Frémisse_

Mais_ Ne S'Eclipse_

Point... ...

Sans Exhaler_ Ses,

Parfum/s... ....!

24.

*Je Bois_ du Vin, En Guise_*

De_ Pardon...

*X_ d'Espoir_*

X d'Aurores...

De_ Voir_ Enfin

La Clarté_ d'Être

Libre...

*En_ Joyaux_ Ivoire_*

*De Rivières_ Émeraude_*

*X_ Pourpres_*

X_ Ors...

Comme_ En L'Art_

D'Être Pauvre_ X Seul

Mais Riche_ de Cœur

Du Trésor_ de La Vie,

Qui Circule_ En Nous.

25.

I/

*D'Un_ Vêtement_ Blanc_*

Est_ Vêtu_ Le

Maure...

Drapé_ d'Étoffes_ Plus_ Claires_ Que_ La_ Lune A_ Son,

Summum... ...

*X_*

*La Beauté_ des Liserés_*

*Floraux_* Dont_

Elles_ Sont Ornées,

Évoquent_ Les,

Calligraphies_

*De
Poétiques_ X*

D'Arabisme/s_ Comme, Salut...

'AKA'

II/

Même_ *L'Ébène_ N'Est,
Pas Noir_*

L'Aurore_ Fait_ Fleurir,
L'Horizon_ des Colombes

... ...

'AKA'

26.

*Comme_ Si_
J'Etais_ A_ La*

*Recherche_ de mes_
Origines...*

... Sans_ Jamais

*Pouvoir_ Les_
Trouver...*

*Je Sais_
M'Incliner...*

*Face_ A_ Un,
Verre_
De_
... Vin...*

*Plein_ A Ras_
Bords_*

D'Al Khôl_ de Cœur

X D'Or/s_ Pourpre/s...

'AKA'

27.

*Lorsqu'Elle_*
*Aime_*
*Elle_ Ne_*

Compte_ Pas

*... Les Perles_*

*.. Ni_ Les Fleurs_*

Les_ Plus_ Jolies.

*La Colombe_*

*Se_*

Ressaisissant...

*... Pour_ Voler_*

Un_ Peu_ Plus Loin.

*L'Instant_*

D'Après.... ....!

28.

*Es-Tu_*

Le Père_ de La

Gazelle...

*... Gambadant_*

Alerte...

Éprise_ Jamais

Prise...?

... ... Au Cœur,

d'Oasis

... J'Eprouve_ Le

Mystère...

Pulvérisé_ En_ Éclats...

... ...!

29.

I/

Le Cœur_ de Ma Prière

*... Est_ Un Verre
De Vin*

*Ciselé_ En_*

Arabesques...

*... X_ Interdit_*

*... Comme_ Un
Cœur_*

*Libre_*

de Voler...

... De Ses Ailes...

*Au_ Loin_*

... Je Sais

*Qu'En_ Poésie_*

*... La Clarté_*

Est_ Maître...

*Même Si_*

Le Vers,

*Est_ de L'Encre_*

Du Néant... ... Ecrit.

II/

Mieux_ Vaut_ Le Cœur,
Que_ La Morale...
*... Mieux_ Vaut_ L'Aurore_*
*De L'Âme_* que
L'Égarement...

30.

I/

Asseyons_ Nous_ Autour_ D'Une_ Coupe

De_ Vin...

*Afin Que Tu me_ Pardonnes_*

X_ Que, Je te Pardonnes,

Aussi... ...

La Saison_ des

*Oiseaux_*

*Au Loin_*

N'Est_ Point,

Encore

Finie...

*... Il Y a des_
Qalandars...*

*Qui_ Déploient_
Les_ Ailes*

De_ Leur Cœurs...

'AKA'

II/

Je_ Ne *Cherche_
Pas_ La Cohérence_
Je_ Frappe_* d'Une *Plume_
Pourpre...*

L'Encre_ *Est, Issue_*
de *L'Ivresse...* ...

... ...

'AKA'

31.

*Par_ Le_ Contraste_*
De
*L'Asymétrie_*

Paradisiaque...

*X_ La Clarté_*
*Qui_*

S'Ecoule_ En Vin,

*X Abondance_*

Pour_ La Beauté_

De L'Éclosion_ des
Cœurs...

Je Bois_ X
J'Invoque_ mon Seigneur,

X_ Contemple,
Le Néant_ Sur Son
Trône...

Sans Savoir, Si

*Quiconque, Pourra_*
*Dire_ Qui_*
Est_ Arabe_ Ou
Maure... ... !

32.

I/

*Je Calligraphie_*
*Des Lettres_*

*Tout_ Comme_*
*Le Derviche_*

Opère_ Un Tracé
*De Gestes_*

De Danse_ Gauche

*En Station_ Debout_*

Courbé_

Prosterné...

X, Pensif... ...

Dans Les Cercles_
Sans Circonférence,
Du Néant_

Comme Si_ L'Al Khôl

*Avait_ L'Art_
De Ne Jamais Dire_*

X de N'Être_ Jamais

*Pour_ Le Plaisir_
De Voir Éclore_ des Fleurs...
de Roses... ... !*

'AKA'

II/

Le_ Jeu_ *des Lettres,*
*X_ de La Poésie_*

Suscite_ *L'Éclat_*
Du_ Contraste

... ...

'AKA'

33.

*La Barbe_ du
Qalandar_ Est
Comme_
Étourdie_ Par
La Couleur_ de
L'Arabica...*

*Le Parfum_ du
Café_
AlKhôlisé_*

Fait_ des Insomnies_
De Réminiscences_

Par_ Delà Les
Oublis_
X_ Incrédulité/s
Avérées_
Qui s'Absentent_

Au Lever_ de_
L'Aurore_ des Marges

... Esquissée_ Par
Les Extases_

Des Parfums_ de La
Corolle_

De La Limite...

34.

J'Entrevois_ des

Arabesques_ de Chine...

*Des Qalandars_ de L'Extrême_ Orient_*

*Des Sûfis_ du Levant, Rouge_*

X_ Des_ Beautés_ A Peine_ Esquissées... ...

Car_ Trop_ Promptes_ A Être

*Saisies_ Par La Brise_ Empourprée_*

Pour Avoir Le Temps D'Être_ Aimées...

... Puis, Comme_ Eux Au Sein_ du Néant_ Je

M'Oublie... ... !

I/

Ô, Frère...

*Saches_ Que Tu
Es_
Un Astre Blanc_*

*Salué_ Par Les
Princes d'Arabie...!*

... Le Maure_ Est
De Blanc Vêtu_
*X_ Qui Ne Le Sait
Pas...?*

La Corolle_ *Est,
Rouge_ d'Avoir
Trop_ Aimé...*

Les Cœurs... ...

*... La Lumière_ de
L'Aurore_
Éblouit_ de Fraternité.*

II/

Ô, *Princes_ d'Arabie... !*
Où_ Est L'Aube_ ?

I/

Je_ Bois du_
Vin_
X Ce N'Est pas
Pour, Rien... ... !

*Je Connais
Les Interdits_ X
Les
Roseraies... ... !*

*La Permission,
Vient de La Poésie*

Je N'Accepterai_
*D'Être Mal Jugé_ Sur
La
Pratique_
La Plus Juste...*

*Un Verre_ de Vin,
N'Est_ Pas_
Conquis_ Sans L'Un...*

II/

J'Ai_ Émigré_ *Vers_
Une Rose Noire_
Vertu_ de L'Aubade_ du Désert...*

37.

Si Je Te Parle Maintenant

*C'Est Parce Que J'Ai_ Aimé,
Mes Frères*

*Par Delà Leurs,
Couleurs*

X Mes Préjugés...

Comme Tu m'As_ Aimé

Par Delà Les Tiens

X Tes Limites...

Afin Que Le Temps X l'Inexistence

Dissipent, Les Faux Semblants...

Les Visages, X Les_ Masques

Qui se Meuvent

En Temps x Espace, Vides...

Mais Prêts à Fleurir...

'AKA'

38.

*Les Corolles_*
*Viennent_*
*Éclore_*
Autour_ du
Cœur...

*Les Caresses_*
Calligraphient_ Le Corps,
Du Désert...

... Arabisé_ Par
L'Al Khôl...

Je Suis Prêt_
A_
Zigzaguer_
Sur_

L'Inexistence...

*En Étendue/s_*
*De_ Dunes_ Haletantes_*

Face_ Au Temps

*Qui s'Eteint_*
*Dans_*
L'Instant... Pur.

'AKA'

39.

Dreadlocks_
Tombées_

Par_ Le
Tranchant_ du
Sabre...

Tête_ Nue,
Rasée...

*X Barbe_ Longue,
Du Maure...*

*J'Observe_
Inquiet_*

*Les Flammes_
Ténébreuses_ du
Prosaïsme...*

Auxquelles_
J'Oppose_

*Un Art_ Doux_
De Poésie_
De L'Extatique_*

En Prudence/s... ...!

'AKA'

40.

*L'Horizon_
Circulaire_ du
Néant...*

*M' A Fait Passé
D'Inexistence/s*

... En_
Inexistence/s...

... Je Navigue_
Sur Les Flots_
De L'Ivresse_
De La Coupe_ de
Vin_

*Tandis_ Que
L'Arabisme_
Fleurit_*

*Des Dunes_*

Incandescentes...

X_ de Poésie_ Sans Fin.

'AKA'

41.

I/

Arabique_

Est La Contrée_
De Mes Onirismes

Blancs...

*Tel_ L'Éclat_ des
Dunes_
En Combes_*

*Incurvées_ de
Danses_*

Sous_ La Lune_

Qui Terrifie_

Resplendissante...

*... Tu me Dis_*

Où Es-Tu...?

*D'Où Tiens-Tu_*

Que Le Verbe_
Tranche_ En
Sabre_
Courbé... ...?

*Je Te Réponds_
Que Je Ne, Poétise_*

*Jamais_ Sans
Al Khôl_ Pur...*

L'Art_ d'Être_
Derviche_ X Ivre_

X_ Doux...

*D'Essence/s X
Parfum/s... ...*

II/

Qui_ A Prévu_ *L'Hégire,
Des Colombes_* En Une
Éclipse_ de L'Horizon_?

Qui_ A Vu_ *L'Aurore,
X, L'Aube_* Battre_ des Ailes...?

42.

I/

*Je Défends_ Le Fait_ d'Être Arabe_*
Comme_ Un Point_ de Vue Poétique...

*Un_ Aperçu_*
*De L'Étendue_*
Du Désert...

Un Parti_ Pris

Sans Réthorique,

De La Liberté...

... Les Lettres_ Ont Pris_ Vie...

Jusqu'A
Cesser, d'Exister

*Par Tracés_ X
Courbes...*

*En Illettrisme_*

... Sous Autre_
Forme_

*Que La Parole_ Rythmée_ X
Silencieuse_ De La Poésie...*

'AKA'

II/

L'Art_ Est_ La
Vertu_ de L'Aube...

J'En_ Atteste_ *Par_
La Langue_ X, Le Cœur*

'AKA'

43.

I/

*La Fleur_ de La Limite_*

Plane_ Au dessus
De_ La

Coupe_ de Vin.

*Tout_ comme La Poésie_*

*S'Épanouit_*

*Entre_ Les Lettres_*

*Calligraphiées_*

X L'Illettrisme...

Le Plus_
Saisissant...

*... En Capacité_*

*Indécente_*

*X_ Pourpre_*

*A Percevoir_ Le
Réel_*

*Par Ivresse_*

*X_
Par Bonté_ de Cœur...*

'AKA'

II/

Entre_ *Les, Lettres_*
X_ *Les Versets_*
J'Esquisse_ Une Issue...

... ...

44.

I/

*La Poésie_
Pour moi, N'Est
Pas Un_
Détail...*

*Elle_ Est La
Porte_ de
Sortie_
Quand Il N'Y a
Pas d'Issue...*

*Je Suis_ Arabe_ Parce Que_
Poète...*

*X Je Suis_ Poète
Parce Que_
Habitant_ du
Désert...*

Là_ Où_ Les Fleurs,
Poussent_
Quand Il N'Y a Rien...

II/

*Je Suis_* Totalement, Libre_
Je_ Sais_ *ce Dont Mon Cœur
Ne Veut_ Pas...*

45.

Entre_ Quatre Lunes_
D'Horizons_
X_ de Diagonales...

Entre_ Deux_ Fleurs_
A La_ Corolle Chaste_

X_ Unique...

*Je Médite_ Quelques_ Stances_ X_*

Âpres_ Versets...

*Perdu_ Dans Le Désert_*

J'Erre...

*Seul_*

X Je Bois_ du Vin...

'AKA'

I/

En_ La
Coupe_ de Vin, S'Eteignent,

Les Horizons_ des Origines...

*X_ Les Mille_
X Un_*

Faciès...

N'Auront_ Raison

*Du Tourbillon_
De L'Ivresse...*

Ni De La
Haute_ Danse_ des
Derviches...

'AKA'

II/

*Le Dilemme des,
Rosaces...*
… Est L'Embellie_ de
La Prose...

47.

Comme_ Si
Je Parlais_
L'Arabe_ En
Secret...

Comme_ Si
Je Méditais_
Sur des Versets_
Écrits_

*Sur_ Les Lignes_
Du Temps...*

*X_ Tournoyant_
Dans L'Essence
De L'Éternité...*

Je me Dis_

Que Boire_ du
Vin_

Est Autre_
qu'Un Délit.

'AKA'

48.

Je Bois_ du
Vin_
Issu_ des Fleurs_
Les Plus_
Délicates...

*Je Bois_ du
Vin_
Car Je Préfère, Rire X
Danser...*

*Comme_ Un
Derviche...*

L'Al Khôl_ Le Plus
Pur...

*N'Est_ Jamais Autre,
Que Clarté...*

*Rayon/s_ Saisissant,
De
L'Aurore_*

Pourpre_ X Sûre.

'AKA'

49.

I/

Je Bois_ du Vin

*Pour Mettre
Fin A ma
Souffrance...*

*X_ J'Etudie_
L'Arabisme_
Pour Mettre_ Fin*

Aux Mauvais_
Jugements...

*Un Soupçon_
D'Ivresse_ Suffit
A Obtenir_
Un Peu_ de Clarté...*

Quelques_ Versets_
Définissent_
L'Au Delà_ de ma
Condition...

II/

Je Bois_ du Vin_
Pour Libérer Mon Cœur...
X_ L'Horizon_ de Mon Âme.

50.

I/

Penses-Tu_
Être_ Seul
A Avoir Été
Victime de Haine?

... Bois_ Un Peu
De Vin

X Ton Cœur,
Ira Bien...

*Je Ne Dirai_*
Rira Bien qui
Rira_ le
Dernier...

*Je Préfère_*
Le Sourire_ de
*Mon Frère_*

Aux_ Labyrinthes
De La Mort...

II/

A L'Aube, L'Envol_ d'Une Colombe,
Pour Briser_ mes Chaînes...
... X, La Poésie_ du Vin_
Pour Faire_ Luire_ L'Horizon.

51.

I/

Quand Je Prie_ De Bon_ Matin...

Je me Mets_ à Tourner,

*Je me Mets_
A Danser_
Sur Un Tapis... ...*

Jusqu'A Explorer

Les Confins_ de L'Ivresse...

*X_ A Laisser_
Le Livre_
Le Plus Ciselé... ...*

*Pour Un Verre_
De Vin_*

*X de Jolies_
Fleurs...*

II/

*Elles_ Sont, Jolies_* Les Fleurs...
Elles Sont Douces_
Telle L'Ivresse_ de *Vivre, x d'Aimer*

I/

Je Suis_ Un
Ami_ X Un Amoureux.
J'Ai_ Suivi_
La Voie_ de mes
Frères...

*L'Eau_ Claire_
Par Les Rayons,
De L'Aurore...*

Est_ Devenue_
Un Vin_
Cacheté_ X
Pourpre...

II/

Je Parle_ Aux_
Colombes_

En Persan... ...

*... Leurs_ Yeux_
Sont_ Calligraphiés,
De Khôl...*

'AKA'

I/

Comme_ Un
Derviche_
Qui Diffuserai

De La Poésie_
D'Ivresse_
Sous le
Manteau...

*Les Rayons_
De L'Aurore_
Ont Jailli...*

*X_ Le Cœur_
Est Devenu_
Fleuri_
X Pourpre d'Ors...*

II/

*J'Ai_ Goûté_ A
L'Élixir_ Imprévu_*

Qui_
*Fait_ de La Lune,
Le Narguilé de L'Extase*

54.

I/

*Je Suis_ Un
Pauvre_
Comme_ Toi*

*Mon Compte_ Est Déjà
Tracé_ Sur Le*

Chemin... ...

*Pourquoi
N'Es-Tu_
Pas Capable
De Dire_*

*Si Je Suis_
Ton Frère_
Ou Ton_
Ennemi... ...?*

II/

*Il_ Faut_ Combattre,
Contre_ Soi-Même_
Pour Faire_ Éclore_
Les Fleurs_
De L'Amour...*

55.

La Plus Belle
Rose Est
Arabe

X moi Pauvre
Derviche

J'Ai La Coupe
De Vin
Ciselée

Pour Entrevoir
L'Horizon
Du Néant....

Quelle_
Richesse_
Caches-Tu_

x_ Quelle_
Pauvreté_
Vis-Tu_?

Pour_ Croire,

Que_ Je Suis, Frère_ ou
Ennemi...

'AKA'

56.

*La Terre_*
*Promise_*
*N'Existe, Pas_*

*J'Ai fait_*
Le Tour_ du
Monde_ pour
*La Trouver_*

*X_ Je Ne Suis_*
Arrivé_ Nul
*Part_*

... Ne me
*Demande_ Pas_*
Quelles Sont
Mes Origines... ...

La Fleur_
La Plus Exquise,
Est Celle_
Du Néant...

X Je Suis_
Né_ de L'Humus
Bon_ des
Déshérités...

'AKA'

57.

I/

Le Derviche_
Calligraphie_
L'Arabe_
Comme_ Une
Langue_ Secrète...

Dont_ Il, Exalte_
L'Essence_
Avant_ de Faire
Un Pas...

II/

Si_ Dieu_
N'Existe pas

Pourquoi_ Je
Prie...?

Si_ Je Suis_
Derviche_
X Fou_ Pourquoi
Je Danse...?

Si_ Je Bois
Du Vin_

Que T'Importe... ?

58.

I/

Par La Vertu
De La Coupe
De Vin_

Qui Poétise_
Des Paroles

X Calligraphie,
Des Mondes...

Accorde_
A L'Ivresse

La Beauté_
Du Néant

... Afin de Ne_
Plus_ Exister_

Sauf_ Pour
Lui Même...

II/

L'Univers_ N'Est_ Pas,
X_ *La Pluralité_ des Mondes*,
S'Évanouit_ En Perles...
... ...

59.

I/

*Tout_ Derviche_
Est_ Un
Artiste...*

Toute__
Calligraphie_
Est Un Art

Chaque Danse_
Est_ Une
Célébration...

*Un Verre_ de
Vin_ Est
Une Opprobre,
Salutaire... ... !*

'AKA'

II/

L'Art_ Est, La Religion_
Des_ Derviches_
X_ *de* L'Horizon_ *Qui_
s'Evanouit_ En Aube/s...*

... ...

60.

Je Ne
Prendrai_ Pas
Parti_
Pour Une
Origine_
Ou Une Autre.

Je me_
Comporte_ En
Frère_ Avec_
Mes Frères_

61.

*Tu Poses_ La Question_
Des Origines_*

*X Je Ne Dis_
Rien...*

Pourquoi_
Donner_ Une
Réponse_

*Quand_ Il
N'Y En A Pas...
X_ qu'Il N'Y En Aura,
Jamais... ...?*

... ...

62.

Dans_ La Vie,
Je Pense_ Qu'Il faut_

Une Éthique_

*Une Discipline_*

*Un Engagement_*

*Des Convictions_*

Un Espoir...

... J'Ai_

*Un Bâton_*

*Un Vêtement_*

*Un Bonnet_*

... Car_ Je Suis_
Derviche_

X_ Pas Barbu_
Par Hasard_

Ou, Par, Égarement.

'AKA'

63.

I/

*Toute_ ma Vie
J'Ai_ Caché
Mes Amours_
X_ J'Ai
Eu_ Raison_ de Le
Faire...*

Les Fleurs_ Ont
Fleuri_
Sans Détours_
De Manière_

Sévère_ En_ Délices...

La Coupe_ de
Vin_ Est
Ciselée_

*Tout_*
*Comme L'Art_*
*D'Apaiser_*
*Les Douleurs_*
De Mon Âme...

Je me Suis_
Reclus_
Pour Être_ *En*
*Paix_*
X_ Médite_ En Un
Jardin_ de Roses...

X_ d'Eau/x Prude/s... ...

'AKA'

II/

Il_ N'Y_ A Rien_
A_ L'Orée_ de La
Fleur_

Sinon_ Le_
Souvenir_ de L'Art...

... ...

64.

Pourquoi_
Penses-Tu_
Que Tu As Vu *Dieu*...?

... Peut-Être_
Parce Que_
Tu Sais ce Que
Aimer_
Veut Dire...

*... La Coupe_ de
Vin_
Est L'Art_
Suprême...*

X_ Délicat...

Le Cœur_
S'Envole_
Vers_
L'Horizon_
Du Néant...

*Là_ Ou Plus Rien
N'Existe...*

*Jusqu'A Faire_ Fleurir,
Les Oasis_*

X, Les Dunes... ...

65.

J'Ai_ Ecouté du Jazz_ Fusion_
Basé_ Sur des_

Sonorités_
Orientales...

*... J'Ai_Entrevu_ d'Autres_
Mondes_*

X Horizons... ...

Insoupçonnés

*X Fleuris_*

*... Mon Sang_ N'A
Fait Qu'Un_*

*Tour_*

*Me Propulsant_
En Voyage/s_*

Intérieur/s...

*... J'Ai_ Conquis_ L'Ivresse_
Tel_
Lors_ d'Une Danse_
Après_ Une Coupe_ de Vin_*

A La Texture_ Parfumée...

66.

I/

Lorsque_ Je
Fais_
Preuve_
D'Impudeur_

Je Suis_
Enfermé_
Entre_ Quatre_
Murs...

... Seul_
Le Plafond_
Me Regarde...

*X_ Le Néant_
Est Témoin_
Pour moi...*

'AKA'

II/

Je_ Bois_ X, Je Vis_
Je_ Danse_ X Je Meure...

... ...

67.

I/

Je Ne Sais_
Pas_
Si L'Amour_
Existe...

*Mais Je Suis_
Capable_
De Respecter_
Le fait_
Qu'On Y Croit...*

... Les Tourments_
M'Ont Fait_
Flirter_
Avec L'Extrême_
Folie...

*Mon Âme_ A_
Témoigné_ du
Cœur_ Le Plus Strict...*

X Avisé...

II/

Thé_ Aux Boutons de Roses.
Dose_ de Miel, Parfumé.
Méditation, Les Yeux Clos.

68.

*Comme_ Les Érudits_ D'Arabisme_*

*Ou_ Grands_ Philosophes_ De_*

L'Amour...

*J'Explore_ Les Sentiments_ Humains_ X_ Tourments_*

*De La Folie_*

... Ivre_ Encore_ D'Un Verre_ De Thé_

_ X d'Un Narguilé_ De L'Extase...

... Je Médite_ Entre_ Deux_ Absences_

X Poétise_ Sur Le Néant_ de L'Être...

69.

J'Ai_ Abandonné,
La Philosophie_

Pour_ L'Ivresse,

La Plus_
Extrême... ...

*... L'Extase_
De La Coupe_ La
Plus Pure_*

A Donné_ Au
Vin_
Le Nom_ de Tourments...

*... L'Amour_ Est_
Exquis_
X_ Laisse_ Sur
Le Bord_
De La Route...*

Ébahi... ...!

*... X_ L'Art_ A
Pour_ Nom, Dervichisme,*

*Sur Le Chemin_
Du Cœur_
Est La Gloire, de L'Un... ...
X_ Unique...*

70.

I/

L'Arabisme_
Est_
Une Science_
De L'Inexistence...

... De L'Envol_
Du Cœur...

X_ de La Poésie_
La Plus_
Concrète...

... Après L'Échec_
Sur La Voie_
De L'Amour_

Il Faut_ Avoir
L'Humilité_

D'Apprendre_
A Aimer... ...

II/

Sans_ L'Autorisation
D'Exister_ *J'Ecris_ de
La Poésie*... ...

... ...

71.

J'Ai_ Opté_
Pour La Voie_ du
Derviche_

X_ de L'Art_
Le Plus_
Catégorique_

... Pour Ne
Plus Savoir
*Qui_*
Est_ Le Plus
*Spirituel_*

Ou_ Mystique...

Ce Dont_
On A_

*Strictement_*

Rien_ A Faire...

Rien_ A Carrer...
Au_ Carrefour, des Larmes,
d'Amertume/s...

'AKA'

72.

Mon_ Cœur_
A Pris_
Refuge_

Dans_ Le Néant,

Le Plus_ Sûr...

... Afin_ Que
*Tel_*
*L'Envol_*
*D'Un Oiseau_*

*... Il N'Y_*
*Ait_*
*D'Autre_*
*Calligraphie_*
*Que La Poésie_*

Pour Dire_ ce
Qui Est_ X
N'Est_ Pas_

*Aux_ Horizons_*
De L'Âme_ Libre... ...

'AKA'

73.

Sur_ La Voie_
De L'Interdit...

Il Y a_ des
Fleurs_
X_

Une Coupe_ de
Vin...

L'Élan_ du
Cœur_
Le Plus_
Averti...

Propulse_
Vers_
Les Horizons_

Parallèles_

Cernés_

X Circonscrits_
De Fleurs...

'AKA'

74.

I/

*Le Poète_
Qui Boit_
L'Elixir_
De L'Al Khôl_*

Devient_
Un Héros_
En Horizons_
De Lumière...

*... Il Faut_ Une Aurore,
Explicitée_*

Pour_ Venir_
A Bout_

X Vaincre_
Le Mal... ...

II/

*Je Ne Donne_
Pas_ d'Explications...*

J'Ecris_ de La
Poésie...

...

75.

I/

*La Limite_*
*De L'Al Khôl_*
Est Dangereuse...

La Fleur_

*A Des Ronces_*
*Qui_*
Avertissent...

Je Sais_
Pourquoi_
*Tu m'Appelles_*
Mon Frère... ... !

Tu A Vécu_
Des Choses_

Qui Font_
Priser_
L'Humanité...

II/

Bois_ Donc_ Un
Verre_ de Vin_ *En Guise,*
*d'Avertissement_*
De L'Ivresse_ Incomprise...
Ô, Frère !

76.

I/

Ô, Frère_ Au Cœur_

Meurtri...

... Il faut_
Que_ Tu_ Te
Moques_

De La_
Méchanceté_

*A Laquelle_*
*Tu As_*
*A Faire_*

... Jusqu'A_
Ce Que_

Tu Aies_
Bu_

Ta Dernière_
Goutte_
De Vin...

II/

Aimer, Boire X Vivre_ Est_
Tout ce Qui_ Compte...

77.

I/

*Aies_
Confiance_
En Ta_ Lumière...*

*La Beauté_
Des_*

Fleurs_

N'Avertit_
Pas_
Le Cœur_

Pour Rien...

Nul_ Ne Meure_
D'Un_ Vin_

Qui fait_ Fleurir

Les Dunes... ... !

II/

*Les_ Dunes_* Sont, Sous_
La Lune_ *X d'Une...*
*... X_ de Deux_* Tes, Yeux_
Sont_ Sertis_ *de Khôl...*

78.

I/

J'Ai_ Trouvé_
La Voie_
De L'Éclat_

En
Alternant_

Le Café_
X_
Le Thé... ...

Il_ Y a
*Une Limite_*
*A_*
L'Indécence...

Il_ Y a
La Clarté_ du
Cœur_
Pour Être_
Honnête... ...

II/

Il_ Faut_ Boire, Aimer_
X Pardonner... *Encore... ... !*

... ...

79.

I/

Qui_ Est_ Ton Frère

Sinon_
Celui qui
Peut_
Comprendre_ Que Tu_
Souffres...?

*Une Brise_*
*Ne Souffle_*
Pour Rien...

Mon Cœur_ S'Apaise_

*De L'Envol_*
*D'Un Papillon_*
*Vers_*
La Fin... ...

'AKA'

II/

*Les_ Colombes_*
*S'Envolent_* X, mon
Cœur_ Fleurit... ...

... ...

80.

I/

Les Lettres_ De Ton Nom_

*Esquissent_*

*Les Stations_*

De Ma_ Prière...

... *Je Calligraphie_*
*La_*
Prosternation...

... *Jusqu'A_*
*Ce Que_*
*Le_*

*Néant_*

*Éclate_*
*D'Horizons_*

Purs... ...!

II/

Je_ Suis_ Lettré_
De La Poésie_ du Vin... ...

81.

I/

Entre_ Deux_
Interdits_

Se Voit_

La Fin_
De Tout...

... Au Loin_
La Coupe_

De Vin_

... A L'Horizon_

*L'Arabisme_*

*Le Plus_*

Contrasté...

II/

J'Epelle_ *Les Lettres_*
Jusqu'A En Devenir_ Soul...

... ...

82.

Nul_ N'A_ Besoin
D'Être_
Noir

Pour, Avoir_
Vu_ Le Cœur_ du

Monde...

*Nul_ N'A Vu_ L'Ébène,
Empourprée_*

*De Fractales_*

d'Éclats_ de Roses

Calligraphiées_

X_ Osées_ de

Souffrance/s...

*Médire_ Sur Le Vin_
Qui_ Fait_ Mûrir
En_
Aurores...*

La Paix_ des Baobabs...

'AKA'

83.

La Poésie_

Permet d'Aller Plus
Loin_ Que

L'Ébène_

*... Les Corolles,
De
Roses_*

De_ Faire_ Fleurir

L'Arabisme...

... En Horizon_
De_
Clarté...

Je Suis_ Venu

En_ Pauvre_ Derviche

Pour_ Être_ *En_*
*L'Art_*
*D'Être_ ou de Ne Pas
Être_
Du_ Désert... ...!*

'AKA'

84.

I/

J'Ai_
Détesté_

Les Méandres_

Des Flammes_

Du Mal...

X_

*J'Ai_ Tenu_*

A ce Que
*Cela_*
*Se_*
Sache... ... !

'AKA'

II/

Je_ Dégaine_
Le Sabre_ de La Poésie...

... ...

85.

*En_ Amour_ On A
Pas
Tout_ Les
Droits_*

*... La Justice_
Est_
Celle_ du
Cœur_
Le Plus, Strict...*

La Beauté_
D'Une Fleur_
Vaut_
Avertissement...

La Liberté_
Est L'Interdit_
De la Coupe_
De Vin...

*Que_ L'On Ne
Saisit_ Que Par, Âme,
X_
Rêveries... Pourpres... !*

'AKA'

86.

I/

Le Café_
Le Plus_

Pur...

L'Arabica_
Le Plus

Catégorique...

*Font_ des
Ivresses_*

De L'Insomnie...

Une Certitude_

*... Face_ Aux_
Doutes_ A Fuir...*

X_ A Sabrer_
D'Un Seul Geste...

II/

*Noir/e_ Comme L'Arabica,
Kawa_ de L'Ivresse...
... ...*

87.

I/

L'Ivresse_
De Thé_

L'Ivresse_
De Café...

X_

Celle d'Al Khôl...

Sont_

Des Limites_

Différentes...

De ce Qu'Il Ne
Faut_
Pas Savoir...

II/

Kawa_ Vers_ X,
*Étourdissement/s_*
Pour Discipline_ Onirique...
*... J'Ai L'Insomnie_*
Martiale_ X Fleurie... !

88.

L'Alphabet_
Arabe_

Est_ La
Gestuelle_
De_
L'Instant...

*... Les
Contraintes_*

*Arabiques_*

*Ont Cousu_*

*Le Vêtement_*

Blanc_

Dont_
Tu Es_
Vêtu... ...

X_

Auréolé... ... !

'AKA'

89.

Commence_ Par
Savoir_
Qui_ Tu Es

X_ Tu Sauras_

Ce qu'Il_
Ne faut_ Pas
Faire

Avec_

Les_ Autres...

... Le Cœur_
Le Plus_
Meurtri_

Est Revenu_
Du Désert...

Pour T'Enseigner

La Crainte_
Du Néant...

'AKA'

I/

Ton_ Sens_
De L'Esthétique
Est_
Une Médecine...

*Ô, Calame_
De_ La_*

*Calligraphie_*

... Les Courbes_
X Tracés_

*X_ Imprévus_*

*... Font_ des
Lettres_*

Une Voie_ de
Sagesse... ...

II/

*Je_ Suis, L'Imam_
Du_ Raisin_*
Je_ Parle_ *Au_ Nom du Vin,
du Vers,* x *de L'Évasion*

I/

Le_ Derviche_
Vit_

A_ La

Marge...

Mais_ Il Reste_
Très_
Digne...

*La_ Séparation_
Du Bien_*

*X_ Du Mal_*

N'Est_ Pas
Dûe_

Au_ Hasard...

II/

J'Ai_ Tout_ Perdu_
*Mais, Il_ me Reste_ Le
Désert... ...
X_ Les Fleurs_ des Oasis*

92.

I/

Je Prône_
La Médecine_
Par_
Le Verbe_

X_ La_
Calligraphie

X_ La

Poésie_

*Comme_ Outil_
De Guérison_*

Pour_ Le Cœur...

II/

*Entre_ L'Antagonisme_
X, Le Martyr_
Des Couleurs_*

J'Opte_ Pour_ Un
Arabisme_ de
Lettres_ X de Versets,

*Comme_ Salut_*

93.

Le Roi_ des Arabes_

Siège_ Entre,
Les Droites_ X
*Les Gauches_*

Là_ Où_ Il
N'Est_

Ni_ Noir_ Ni
*Blanc_*

... *Sois_ Sans*
*Crainte_*

*La Crainte_*
*A_*
*Esquissé_*

Le Tranchant_
Du Sabre_

*Afin_ d'En_*
*Finir_*
*Avec_ Les_*
*Flammes_*
*Ténébreuses_*

Des_ Labyrinthes

94.

*Je Passe_ des
Sphères_
De L'Arabité*

*... A Celles_
De La Non_ Arabité_*

Comme_ Les
Lettres_

*Esquissent_*

*Un Silence_
X_
Un_ Autre...*

... La Légèreté_
A_
Définit_
La Sentence...

*Les Corolles_
Poussent_
Sur Le Mur_
De La_ Séparation...... ! ...*

'AKA'

95.

A La_ Clarté_ De La Lune

*Évoquant_*
*Celle_*
*De L'Horizon_*

De L'Aurore_
Pure...

*Éclate_*
*Le_*
*Tranchant_*
*Radical_*

*Du Vêtement_*
*Blanc_*

Que Porte_ Le
Maure...

... Dreadlocks,
*Tranchées_*

*Barbe_ Longue_*
*X_*
*Courbée_*

Tel_ Le Sabre,
Majestueux...

96.

I/

Voilà La Lune_ *Une_*
*Courbée, Tel_ Un_*
Sabre... ... !

En Poésie de
Guerre,

Art_ Martial_
Des_
Lettres_

Calame_ Tranché
*X_*
*Calligraphie_*

Pour_ Une Armée_
D'Étincelles_

Jaillissant_ Du Néant... ...

'AKA'

II/

Je Veux_ La Rose,
*La Coupe_ de Vin_* X,
Le Pardon... ...

97.

I/

Le Verbe_
Silencieux_
Est_

Circonscrit_
D'Arabesques...

X_ de_
Calligraphie...

... Le Temps_
X_ L'Espace...

Avertis_

Cessent_
D'Exister...

*Face_ Aux Lettres,
Évanescentes...*

'AKA'

II/

La Langue_ des Poètes,
Témoigne_ *du Réel...*

98.

Je Prône_
L'Arabisme_
Comme_
Évocation_ de
La Limite...

*X_ La_
Calligraphie_
De L'Interdit_
X_ du_
Sacré... ...*

La_ Liberté_
De La Prose_ X
De La_
Poésie...

*Définit_ Par_
L'Infinité_
Des Mondes_ Clos,*

Sans_ Confusion.

... ...

'AKA'
'

99.

I/

La_ Coupe_
De Vin_
Définit_ Les
Interdits...

X_ L'Arabisme,
La Liberté_
Par_ La_
Poésie_ X La
Prose...

*L'Existence_
Des_ Choses_ Est
Indémontrable...*

La Liberté_
Réside_
Dans_ Les Versets.

'AKA'

II/

Face_ Aux_ Dieux_
Je Prie_ Le Néant...

100.

Je Marche_
En_ Humble,
Poète_
Parmi_ Les
Derviches_

Défendant_
L'Honneur_ du
Néant_ X_ de
Son Trône...

Je baisse_ Les
Yeux_
X_ Calligraphie_

Les Silences...

*L'Humilité_*

Dessine... ...

Les Versets.

... ...

'AKA'

101.

En Fuyant_ *de La Ville
Sainte_ Du Désert_*

*Pour_ me_
Rendre_ Dans Le Cœur_
Du Monde...*

... Pourquoi_ Nierai-Je_
Les Versets_

*Puisque_ ma_Culture_*

*Est_ de Rallier_*

La Poésie...?

*... Du Cœur_ du_ Monde_
Vers_ Les_ Oasis_
de L'Âme..*
La Plus Pourpre...

Où_ Est_ ma Liberté_

Sinon_ Dans_ La Coupe_

X_ La Fleur...

Pour Limite_

En Éclosion/s_de Sphères
X_ Oraisons Pures... ...?

102.

I/

Coiffé_ d'Un_ Bonnet...

*Vêtu_ d'Un_*

Manteau...

X Protégé_ Par_ Un Keffieh...

Je Marche_ Sur L'Étendue_ Du Désert_ de Promptitude...

Exaltant_ La Patience_

En Sphère_ Suprême_ du Raisin.

... ...

II/

Tête_ Rasée, Vêtu_ Barbu_ Je Compte_ Sur Le Raisin_ X_ Ses_ Perles...

103.

On Vit_ Sur Terre_

Pour_ Aimer,

Sans Chercher_
A Comprendre...

X_ Élever Son Âme

Dans
Les Horizons_

Majestueux...

De L'Une_ X,
Unique_ Réalité_

Du_ Contraste...

*De La Vérité_*

*Catégorique_ du
Néant_
Le Plus Humble...*

'AKA'

104.

I/

Dans_ Le Désert,
Les Gens_
De Différentes_ Tribus...

Vivent_ Ensemble...

Se Côtoient_
Mais_ Ne se
Mélangent_ Pas...

*Il_ Y a_ Un
Espace_ Pour se
Connaître_
Les Uns_ Les Autres...*

Il_ Y a Une
Fleur_
Qui Naît_ du
Cœur_
X Exhale_ Un Parfum...

... ...

II/

J'Aime_ *La Fraternité_* du
Désert_ X, La Clarté_ des
Oasis... ...

105.

I/

*Le Désert_ Est,
Le Lieu_ de Rencontre*

De Différentes_
Couleurs...

*En Horizons_
Qui Font_ Frémir
Un Cœur_ En Écrin... ...*

De Fleur_ Close,

*Prête_ A Éclore_
En_ Un_
Moment_ de
Clarté/s... ...*

Pour_ Une Victoire_
De Liberté_
Sur L'Océan_ des Dunes...

II/

Verse_ moi_ du Vin_
Ô, Fleur_ de L'Aube... !

... *Les Versets,* Inclinent_ A
Prier_ *Au_ Delà* de L'Instant

106.

*Assis_ A
Même Le Sol_
D'Une Tente_
De
Nomades... ...*

J'Assiste_
A Un Échange_
De Prose_ x de
Versets...

... Tandis_
Qu'Un de Mes
Convives...

Verse L'Eau
Brûlante...

*Sur Un Florilège,
Épars...*

De Feuilles_
De_
Thé Noir d'Iran...

Au_ Bon, Parfum...

'AKA'

107.

Comme_ Un_
Bédouin_ de Perse

Alerte_

Tel_
Un_
Derviche_ du
Couchant_

*Je Trace_ Dans
L'Air_
L'Eau_ X_ La
Terre_*

Les Signes_
Calligraphiés_

*Du Salut_
Poétique... ...*

*X_ de La Fin_
De L'Univers_*

Existant... ...

'AKA'

108.

Le Thé_
Coule_ A Flot

Sous_ Ma Tente,
De Bédouin...

Sur_ des
Coussins_ Assis

Je Médite_

Puis, Saisi
Mon_
Luth...

*Pour Entamer_*
Quelques_ Mélodies

X_ Improviser_
Des_
Poèmes...

En Ode_ Aux
Gazelles...

*X_ A Leur_*
Liberté... ...

'AKA'

109.

I/

Barbe_ Ou_
Dreadlocks_
Le Choix_ Est Fait...

*Taillée, Ajustée,
Ondulée_ X_*

Fournie...

Rougie_ Par_
La Lumière de
L'Aurore_
Qui_ se Lève...

*X_ L'Ivresse
Des_ Prières_
Rappelant_
La Coupe_ de Vin*

... ...

II/

Le Compte_ des
Perles_ Fait_ Naître_
L'Ivresse_ du Cœur...

110.

Nous Sommes
Tous_
Un Peu_ Arabe...

De Près_ Ou
De Loin_

*Même_ Par_ Les
Versets...*

Ou Le_
Souvenir_
Du Désert...

*La Poésie_
M'A fait_ Derviche*

X_ Le Bâton_ de
La Prose...

A_ Fait_ de moi

*Le Bédouin_
Des Oasis_ du
Temps...*

'AKA'

111.

Dans ma_
Conception_

L'Arabisme_

C'Est_ La Poésie_

...X_
Inversement

*Jusqu'Au_ Bout
Du Voyage...*

X_ de La Beauté_
Du Désert...

... *Là_ Où_ La
Brise_ X_ Les
Dunes_*

... Tracées_ En
Clairière/s...

*D'Oasis_*

Procure_ L'Ivresse

Tel_ Le Vin_

Un Jour_ Interdit... ...

112.

Comme_ Une Symétrie,

De L'Espoir_
Fraternel...

... Comme_ Une
Asymétrie_

Paradisiaque_

Du_
Contraste...

... Je Suis_ La
Voie_
De L'Arabisme...

Sans_ Être_
L'Un_
Sans Être_
L'Autre... ...

Compatissant_

Jusqu'Au Néant_
De L'Oubli_

Paroxystique... ...

'AKA'

113.

Le Fait_ d'Être
De La_
Même_ Couleur

Que Quelqu'Un_
D'Autre...

... Ne Prouve_ pas

Qu'On_ Soit_
Son Frère_
En Quoi que se Soit

*... Je_ Suis_
Averti_ En Matière*

D'Arabisme/s...

*L'Évocation_ des
Versets_*

*Cisaille_ Les_
Inconstances... ...*

... ...

'AKA'

114.

I/

Le Vin_ des
Mirages_
Jaillissant_
Du_ Creux_
Des_
Dunes...

*N'Éblouit_*

Mais_ Libère_

*Du Temps_ Trop,
Longtemps_*

Conquis_

Puis, Perdu...

Un Éclair_

A Fait_ de L'Apparition...

De Perles, Pourpres

Une Litanie_
En Voie_
De Salut...

*Pour Le Frère_
De La Misère_*

*X_ des Fleurs_
Des Oasis...*

'AKA'

II/

Entre_ La Beauté_
X L'Ivresse_ des
Dunes_

Le Poète_ s'Implique_
*Pour_ L'Aurore_
X L'Aube...*

... ...

115.

Comme_ Un_
Souvenir_
Perse_
De La_
Corne_ de L'Afrique

... Jusqu'Au_ Bas_
De Son Versant_

*Lié_ A L'Océan_
Indien...*

... La Mosaïque_
Des_
Couleurs_

*Évoque_ Parfum/s
X_
Douceur/s_*

De L'Art_ d'Aimer

*... Averti_*

*X_ Soucieux_*

De Ne Pas_ Trahir.

'AKA'

116.

Comme_ Les Princes,

Cavaliers_

Ou_ Héros...

... Coiffés_ de
Turbans...

*... X_ Au Teint_
De Peau_
Si_ Foncé_*

*Ne_ Rappelant,
Jamais_
Une Couleur...*

Montant_ Un_
Destrier_
Pur_ Sang_
D'Arabie...

Je Ne Dirai_
Qui_ Je Suis_

*Ni_ Ne Croirai_
Que_ Tu_ Ne Le
Sais_ Pas... ...*

117.

I/

L'Art_ d'Être_ Arabe_

Ou_ de Ne Pas
L'Être...

... L'Arabesque_
Des Clarté/s_

Qui Ne se_
Saisissent...

... X_ Ne Disent_

Mot/s...

... Mais_ Se_ Vêtissent...

De Calligraphie

Sont_ L'Orée_ des
Aurores_ X_
Marges_
Étourdissantes

Du Réel_

Jusqu'Au_ Summum,

De_ La Lune_
Tranchée_ de

L'Arabisme... ...

'AKA'

II/

*Haute_ Est, La_*
Lune_ Tranchée_ X,
*Courbée_ de L'Arabisme_*
*Qui_*
Règne_ Sur_ Les
Dunes... ...

Ivre_ *Je_ Suis,*
Libre_ *X Je Voyage*... ...

'AKA'

118.

I/

Ce N'Est_ Pas
Parce_ Que
Tu_
N'As_ Pas La_
Même_
Couleur_ Que moi

Que_ Tu N'Es_
Pas mon
Frère...

L'Horizon_

Est_ Circulaire

X_ Tranché_

De Clarté...

'AKA'

II/

Bois_ du Vin_

*X_ Sois_ Le Calame_*
Des Lettres_ du Temps
... L'Instant_ d'Un Poème...

119.

Tel_ Un
Érudit_

De La Langue_
Arabe...

Averti_
De La Sagesse_

D'Un Rien...

... X_ d'Un_
Soupçon_ de

Réalité/s... ...

... J'Epouse_ La
Poésie...

*X_ La Vertu_
Du Verbe...*

Comme_ Si_ Le
Silence_ de

Vivre_ Était

Calligraphie...

'AKA'

120.

Clair_

Comme_ de L'Eau,

X_ Les Feuilles

Parsemées_

D'Infusion...

... Différent_

*... Mais Arabe_*

Quand Même... ...

Je T'Offre_ *La*

*Décoction_*

... Du Thé_ X_ des Graines...

*... Comme_ Tu me Les A_ Offerts_*

Toi_ Aussi...

Avant_ Tout...

121.

I/

Regarde_ Les Maures_

Se Déplacer_
Dans_ Les Temps

X_ Les Espaces…

*… En_ Partisans_*

De_ La_ Fraternité_ *des*

*Lettres… X_*

De La_ Calligraphie…

Par_ Leur_ Tracé, Qui_
Existe…

Puis, N'Existe_ Plus

... Ayant_ Évoqué_

Poésie, Mondes_ Clos
*X_*
*Jaillissement_*
D'Aurores_ Purs...

... Ils_ Croient_ Au_ Silence...

X_ A La Parole_
Qui s'Evanouit... ... !

'AKA'

II/

Un 'Je'_ N'Est_ Pas
Un Autre...
Nécessairement_

Mais_ Pas_ Un 'moi'_
Non, Plus... ...

... ...

122.

Par_ La_
Calligraphie_

De_ Poésie

Je Met_ Fin_ Au
Temps...

... Je_ Vois_
L'Instant...

A_ Travers_
Des_

Éclosions_

D'Art_
Empourpré...

X_ La Clarté_ du
Cœur_

Se Fait_ Par
L'Aurore_

En_
Jaillissement...

123.

Comme_ Un_ Arabe,
Ancien_

Qui Prône_
Une Rose_ Noire

En_
Reconnaissance,

De_ L'Éducation_
Du Cœur...

X_ du Chemin_
De L'Artiste...

... *Je Ne Sais_ Pas_*

Qui Je_ Suis_

*Pour_ Toi_*

*Mais_ J'Ai_
L'Âme_ d'Être_ Un
Frère A tes Yeux...*

'AKA'

124.

Tel_ Un Arabe,
Ancien_

Poète X_ Voyageur

... A_
Travers_

Les Roseraies_

Du_ Cœur_ Le
Plus_
Simple... ...

... En Pauvre_
Parmi,
Les_
Pauvres...

Je_ Vis_ Pour
La Gloire_ des Lettres_

*Qui_*
S'Évanouissent

En_ Calligraphie

Faite_ du Néant,

Abscons, X Plein_ de Fleurs... ...

125.

La_ Plus_ Belle
Rose_
Est_ Arabe...

La_ Supériorité,

Morale...

N'Est_ Pas La_
Main_
Tendue...

Qui_ Sait_
T'Appeler_ Frère

Pour_ Avoir, Vécu

Ce_ qui Ne Se,
Dit_
Pas...

Mais_ Prouve_
L'Amour_

Quand Même... ...!

'AKA'

126.

La Coupe_

Du Vin_

Interdit...

Est Circonscrite,

De Roseraies

*... De Pétales_*

X De Parfum/s...

*Mais de Ronces_*

Aussi...

... X d'Épines_

Afin que Tu_ Saches...

Ce qu'Être_ Frère_

Veut Dire...

X_ Aimer, Aussi...

'AKA'

127.

Je_ Flirte_ Avec_ Le Néant... ...

Comme Si Je Tutoyais_
Les Fleurs_

En Langue_ Arabe_

*Comme_ Si_
Des Colombes_
Venaient_ Se*

*Poser_ Dans mes Mains_*

Un_ Instant_ Encore...

*De L'Art_ de L'Aube_*

Encore Pourpres...

... Encore... ... !

Un Instant...

'AKA'

128.

Entre_ Les
Perles_ La Coupe
De Vin_

X Le Tapis_
Orné
D'Arabesques

*Il Y a Un_*
Moment_ de
*Fraîcheur_*

Comparable_ A
La Brise_ du
Matin...

X_ A La Rosée
Des Pétales...

Des Fleurs_ Jamais
Conquises...

... ...

'AKA'

129.

Vêtu_ de Blanc_
Je Porte_
Le Keffieh...

En Signe_ de
Recueillement_

... Envers_

*Les Fleurs_*
*Les Plus_*
Délicates...
X, Parfumées...

Au Loin_
S'Etend_ La
Mauritanie_
Parallèle...

*X Le Désert_*
*X Ses Combes_*

X Ses Collines_
Promises...

Dans Le Silence_
De La Beauté_
Éclose...

'AKA'

130.

I/

Je Bois_ du Vin
X Pour Cause...

La Poésie, m'En
A Donné
L'Autorisation_

L'Amour...

N'Est Pas_
Interdit...

*A L'Orée_ des
Jardins Fleuris... ... !*

II/

*La Mésopotamie_*
Commence_ Par Le
Désert...

'AKA'

131.

Arabe_ de
Chine...

Virevoltant_
Dans Le Désert...

Clair_ Telle
L'Étoffe_ du
Vêtement du
Maure_

Coiffé_ d'Un
Keffieh_

En Signe_ de
Fierté_ X
Noblesse_ *du Néant*...

Me Voilà_
Conquis_ A L'Art

*Car_ L'Arabisme_
Est_ Poésie*...

... ... *!*

'AKA'

132.

I/

La Gloire__
De Prier_ Parmi_
Les Fleurs...

Je L'Ai_
Esquissée_ Au_ Nom

Du Néant...

Avec_ Quelques_
Pétales_
Pour Prix...

*x Un Verre_*
*De Vin_*
Pour Indécence...

II/

Tu Ne Verras_
Jamais_ *Dieu_*

Mais_
Tu me Verras_ En,
Train_ de Prier_
Quand_ Même... ...

133.

Je Porte_ Un
Keffieh_
D'Un Blanc_
Couleur_ de
L'Aube...

*Pour Célébrer_
Mes Amours_
De Jeunesse_*

Ainsi Que La
Paix_ X La Fraternité...

X La Fierté
Arabe...

*D'Un Amour qui
Ne Rougit_
Point_*

D'Être Vrai_

*Pour Les Uns_
X Pour Les Autres.*

'AKA'

134.

J'Ai Rejoins_
L'Arabisme_ Par Amour...

... *X Les Horizons_*

De Fraternité,

*Sans Juger_*

*Les Corolles_*

… Elles_
Sont_ Pourpres,

Aux_ Détours_

… *Des Grains_ de
Sable_ du_
Désert...*
Que J'Ai_ Comptés... ...

Sur Le Chapelet
De L'Instant_
Pieux_

*X Des Tourments_
Doux_*

'AKA'

135.

Ma Culture_ Est
d'Être_ Frère...

X de Prier_
Parmi Les Fleurs

*Je Médite_ Sur
La Caire_*

*Intérieur_*

X La Syrie_
Parallèle...

*Dans L'Espoir
D'Un Avenir_
Meilleur_*

X de Prières
X Rêves_

Devenus_

Réalité/s... ... !

'AKA'

136.

Je Suis_ Un
Arabe_
Comme_ Vous

Ne me Jugez
Pas_ *Sur ma Couleur,*

Je Porte_ Le
Keffieh_
De La Paix_

*Pour que Les
Terres_ Ne
Soient_
Plus Imbibées_
De Sang...*

Ô, Mes Frères_
En Clarté_

*Je Suis_ Un
Arabe_ Devant_ Dieu... ...*

Pour *La Bonté_
Reconnue_
D'Un Cœur_*

Ébloui... ... !

137.

Pour Vaincre,
Babylone_

... IL Faut
Boire,
Du Vin_

X Aimer_ Les
Fleurs...

Faire_ Le
Tour_ de La
Terre_ *Par Cœur*

*X Par Âme_*
De Migrant_ Esseulé... ...

Le Keffieh_ N'Est pas Un
Linceul...

Arabisé_ Je
Suis_
Maure_ X
Averti_

De Blanc_ Vêtu_
d'Un Vêtement
De Liserés_ Floraux_ Rares

X_ Orné...

138.

I/

Aimer_ Les Fleurs_

C'Est se Perdre
A Jamais...

Sans Se Retrouver...

... Ni Sur Un
Chemin...

Ni_
En La Prétention,

D'Avoir Aimé...

Mais Pour Une
Once_ d'Al Khôl_

De Clarté...

*D'Avoir Été_
Étourdi_ En Vain.*

II/

*Il_ N'Y A Qu'Un Pas_*
Vers_ La Guerre...
... *Étourdis_* Ta Tête_ *de Fleurs... !*

139.

I/

Ô, Al Khôl_
Seigneur_
Interdit...

Je Ne T'Invoquerai
Pas *En Vain_*

A Moins_ *d'Avoir
Été Derviche...*

*x De Savoir ce que
Boire du Vin_
Veut Dire... ... !*

*Pour_ Le Plaisir_
De Voir_ Éclore_* des

Fleurs... ... !

... ...

'AKA'

II/

Je_ Crois_ Aux
Fleurs...

140.

I/

Je Ne Prêche_
Pas La Morale,
Mais je La
Connais Très Bien.

Je Prêche_ *La
Vie_
X Le Parfum_ des
Fleurs...
Si_ Doux... ...*

Les Fleurs_
Sont Jolies_ *X Le
Paradis_ Est
Tels_
Leurs Pétales... ...*

Le Désert_ *Nous
A Réservé de Beaux
Horizons_
D'Arabisme/s... ...*

II/

La Poésie_ Mène_ Au,
Vin_
... X_ Le Vin_ A La Clarté,
Du Cœur...

141.

I/

Ce que Je
N'Ose_
Faire_ Je Le
Ferai_ Quand_ Même

Au Nom d'Une
Coupe_ de Vin_
X d'Un_
Arabisme_

De La Liberté_

*... La Plus Stricte,
En Fleurs...*

*Pour La Beauté_
D'Un Parfum...*

Jamais_ Saisi... ... ! ...

II/

Je me Permets_ La
Coupe_ de Vin...

*... Je me Permets_ Les
Tracés_ des Versets_*
Comme_ Limite...

142.

I/

Il Faut_
Assumer_ Son
Côté_
Gauche...

Un_ Amoureux,
Est, Toujours
Maladroit...

Je, Chemine,
Sur *La Voie du
Désert_ X des
Corolles_ de Dunes...*

Je Lève_ *Un
Verre_
Plein de Vin_*

*A La Beauté_
D'Être_ Ivre... … !*

II/

Je Tape_ La Danse_
De L'Amoureux_ Qui
Chavire...

143.

I/

Il Fait_ Bon
*Se Promener_*

Dans les Jardins de
L'Ivresse...

... Les Fleurs_ Y
*Sont_ Jolies_*

*X, Les Tourments_*
Y Sont_ de
Grâce/s... ...

Je Bois, Je
Bois_
X Je Danse_ A
Perdre_ Haleine...

... J'Invoque_ Le
Verre_ de Vin_

Car Dieu_ Ne Peut
*Rien Faire Pour moi_*

II/

Nul_ N'Est_ Maître...
De_ L'Ivresse_

180

144.

Le Verre_ de
Vin_
Ruisselle_ d'A
Ras Bord...

*Les Courbes_
De La Coupe_ Sont
Ciselées_
D'Arabesques...*

*Une_ Guidance,
A Surgi_
D'A Travers_ Les
Flots_ de
L'Ivresse...*

... Qui_ Est_
Averti_ En_
Corolles_
X En Parfums...?

*Si Les Dunes_
Sont_ Reverdies_*

Qui Est_ L'Imam...?

'AKA'

145.

L'Amour Ne
S'Explique *Pas_*
*X Ne Se_*
Justifie, Pas_ Non Plus...

*Je Suis_*
Arabe_ Pour Aimer,
A En Faire_
Fleurir_ *Les Dunes*

Du Désert...

*Ô, Frère_*

Bois_ Une Coupe
*De Vin_*
Avec moi...

En_ Arabité_
Il Y a Une
Lune Tranchée_

Pour que_ La
Fleur d'Un Cœur
Ne Reste_ Jamais Vue... .... !

*Mais Sue, En Poésie/s_*

146.

I/

L'Amour_ Est Un Désespoir...

*Mais Quand On L'Ignore_*

C'Est Qu'On Est Fou,

X
Qu'On ne Le Sait Pas... ...

J'Opère_ Un Témoignage, du Réel

*Par Un Cœur_ Ébloui_*

De La Douleur_ D'Avoir Aimé... ...

'AKA'

II/

Je Veux_ Le Vin, X_ La Beauté_ de La Roseraie... ...

147.

Je me Fous_
Des Maîtres En_
Amour...

*J'Ai_ Les Dunes_
Les Plus Fleuries_*

*Pour Désert_
Embelli_ de Clarté...*

148.

Sois Courageux
Dès ce Monde_

*L'Outre Monde_ Est_
Plus Difficile_
A Affronter...*

J'Ai Trempé_ Mon
Keffieh_
Dans Le Vin_
Le Plus Exquis_

*Avant_ Que Le
Vent_
Ne Fasse Fleurir_
Des Fleurs_
Au Néant... ...*

149.

I/

Je Ne Crois_ Pas
En *Dieu_*

Mais En
L'Amour...

Au Verre_ de
Vin_
Que L'On
Boit_

*Autour_ de
La Rose_
D'Aurores, Pourpres...*

A La Tige_
d'Épines_
Nécessitant_

Un Doigté_

De Compte_ de
Perles... ...

II/

J'Ai_ Cru_ *Aux Couleurs_ du_ Soir_*
Jusqu'A L'Instant de *La Clarté Radicale*

150.

Je_ Marche_ dans Le Désert_

Comme_ Si_ J'Avais Perdu_ mes

Origines...

L'Immensité_ La Plus_ Imprévue... ...

*Est_ Comme Le Tissu De ma Tente_*

Avec_ La Voûte_ Céleste_

Pour_ Toit...

Par Delà Les Sentences...

... Je Suis_ Le Nomade_ Qui_ Sait_ Reconnaître_ Un Frère...

X, Répondre_ A_ Une Main_ Tendue...

151.

*Je Compte_ Les Perles_
De_ Mon Chapelet_ dans
Mes_
Mains... ...*

*Comme_ Tu Saisis_
Les Perles_ Dont Sont
Serties_
Tes_ Dreadlocks...*

L'Eau_ Claire, Perle,
Aux_ abords_
Des_
Corolles...

*Prête_ A, Renaître_
En_
Éclat/s_ X Aube/s...!*

*Je Suis_ A, Deux
Doigts_ de
Tutoyer_ Une Fleur...*

Il_ Y a des Jardins,
Auprès_ du Cœur_

X_ de Ses Battements...

'AKA'

152.

Pour Faire_ Fleurir
Le Désert

Il Faut_
Avoir_
Voyager_ Longtemps...

L'Ivresse_ de L'Art,
Me Guette_

X, La Beauté_ N'A,
Qu'Une Issue...

L'Impasse_ de
L'Ordalie,

Fait_ De La Poésie,
L'Issue_ de L'Impasse

*... Je Sais_*
Comment faire...

Entre_ Autres...

Ouvrir Son_ Cœur...

X, Respirer L'Art,
De Vivre... ...

'AKA'

153.

I/

Même La Rose Ébène,
A_ des Reflets_
D'Ivoire_

J'Ai_ Voyagé_ Tel,
Un Nomade Jusqu'Aux
Confins_ de La
Perse...

Depuis_ L'Arabie

*Sur_ Les Chevaux,
De L'Art_*

*Les Lettres_ Pour_
Sabre/s_ Tranchant/s...*

*X_ Les Arabesques_
De Roses_ Pour Aimer...*

II/

Les Oiseaux_ Volent,
Au Loin_ X Je m'Etourdis
Avec Eux...

*... Quand_ On Perd_ Ses Origines,
On Ne Les Retrouve_ Plus...*

154.

*Si Tu Accordes_*
A_ Une
Fleur_ Une Couleur_ Plus,
Qu'Une Autre...

Sais-Tu Combien de
*Ronces_ Tu Auras_*

A Affronter...?

... Je Bois_ A
Même_ La Corolle_

*Un Al Khôl_ de Rosée_*
Qui Rend_ Les Cœurs Purs...

Puis, Les fait,
Fleurir...

En_ Désordre_

X Chaos_ d'Harmonie

De_ La Belle Rose_
Assez_ Nue_

De Floraison/s_

Pour Faire_ Éclore, des Versets... ...

X_ De La Poésie... ...

155.

Au_ Delà_ du
Versant_
Tranchant_ de
La Lune...

... X_ de Son_
Sourire_
En Corolle/s_
De_ Fleurs...

*L'Expérience_ des
Lettres_ X des
Versets_*

*Procure_ Un,
Arabisme_*

*Qui Fait Naître, des
Arabesques_ de
Rosaces_
Au Cœur...*

... X_
Le Désert, Reverdit...

Jusqu'Aux Confins_
De La Bonté... X de
L'Âme_ Éclose... ...!

156.

I/

La Corolle_
Est_
Exquise...

De L'Au Delà_
Des_
Dunes_ A La
Lune_ Belle_
X_
Redoutée...

Redoutable,

Je Sais_ ce Que
J'Ai Appris_

... *Le Mépris_*

*A Fait_ de L'Art_*
Ostracisé_ Une
Larme_ Transformée,
En_ Rose_ Noire... ... !

De L'Arabie_ A La
Perse_

X_ de La Perse, A
L'Arabie...

*Je Sais_ Quel Vin_
Je Boirai_*

*X Quel_ Vin, Je Ne
Boirai Pas... ...!*

II/

J'Ai_ Compté_ Les_
Pétales_
De *La Rose Noire_*

X_ J'En Ai
Fait_ *Un Turban... ... !*

'AKA'

157.

I/

Étourdi_ de L'Al
Khôl_ En
Arabica/s...

Je me Perds_ En,
Des Roses_
D'Or/s Pourpre/s,
En Arabesque/s...

Enveloppé/s_ De
Soie/s...

Sur Sofa/s_ Assis

Derviche/s_ X
Sûfis...

Militent_

Pour Le Paradis_
A_ Portée de Main/s

Par L'Ivresse_
Des_ Prières...

X Le Chemin_ d'Un
Tapis_ Orné... ...

A Travers_ des
Nuit/s d'Insomnies...

X_ de Réminiscences_

D'Aurore/s Éclose/s...

II/

*Ô, Doute_
de L'Ivresse,
D'Où_ Viens-Tu... ...?*

*Pour m'Interdire_
De Boire_ du Vin_*

*Ou_ d'Ecrire_ des
Poèmes...*

*Qui m'Autorisent_
A Le Faire... ?*

...

'AKA'

158.

Ô, Toi_
Qui Voyage_ A
Travers_ Les Temps

Dans_ Toutes_
Les Dimensions_ du
Désert_
Infini... ...

*J'Entrevois_ A
Travers_ Les
Étoffes_
De Ton, Vêtement,
Qui Virevoltent_*

La Pensée_ Voilée,
Issue_ du Cœur_
En_ Étincelle/s_

De Lumière Pure...

Qui Dit qu'On A
Pas_ Vu_ *Le Cœur_
Mais_ qu'On_
A Vu_ L'Âme*... ...!

Qui_ Dit qu'On A
Aimer_ Quand Même,

Envers x Contre Tout...

159.

I/

Sur_ Le Chemin
Des_ Pensées_

Mélodieuses_ de

Silences_ X de
Clarté/s Enveloppés...

...

Je Tape_ Une Danse
De_ Derviche

Pour me Confondre,
Sans Fin/s_ En

Ivresse/s... ...

Vêtu_ d'Un_ Manteau
Blanc_

X_ Enturbanné_ De
Rosacées_ Éclos... ...

II/

Ne_ Sois_ Pas, *Aveugle
A_ L'Al Khôl*...

160.

I/

Entre_ Deux Vers
X_ Une Prose...

Entre_ Une Aube_
X_ Un Soir...

Je Ne Suis,
*Pas_ L'Albinos_*
De_ Ton

Alibi...

*... Probablement_*
*Exquis_*

A Comptempter...
X_ A Rire...

J'Explose_ En,
Corolle_ de Rime/s
*Mon Inspiration_*
*De_*

Clarté/s...

Verre_ de Vin_
A_ La Main...

Barbiche_ X

Chapeau_ *de Derviche/s... ...*

*Enturbanné_
De TexTiles... ... ...!*

*Sur Une Blancheur_
Étrangement Nègre... ...*

'AKA'

II/

Je Danse_ *Étourdi_*

*De_ La_
Douleur_ des
Fleurs_ Interdites...*

*X m'Enivre_ Encore_*

... ...

'AKA'

161.

Quelques_ Pétales
Blancs_ Au Cœur_
De La Nuit_

Me Rappelle_
Que L'Oubli_

Est_ Un Temps_

Imprévu_

... Après L'Instant_
De L'Attente_

Éprouvée...

*... Je Fais face_
A La Terreur_
De L'Amour... ...*

Entourbé, X Soul

*Je Bois du, Vin_*

Jusqu'Au Pardon Sans
Répit/s, de La Gravité...

*Dans Le Tourment,
Sans Cesse_ De Crises_
X Transes... ...*

162.

I/

Je Suis_ Le
Derviche_ Sur Le
Bord de La Route...

*Je Danse d'Al
Khôl_ Jusqu'Au_
Souvenir_ des Temps...*

La Gnôle_ Pour
Oubli

X_ L'Ivresse_ Pour
Vêtement_

*J'Ai_ Quelques
Pensées_ En_ Azur/s
D'Innocence/s_*

*... Quitte A Être,
Un Traître_
Autant_ L'Être_
Jusqu'Au Bout...*

Je N'Ai_ Pas Été,
Appelé_ Frère_ par
Hasard…

… je Ne Porte_
La Barbe_
Pour Rien…

J'Ai_ La Clarté_
Pour Épouse_

X_ L'Orient_ Pour
Fraternité_

Encore_ Un Peu…

'AKA'

II/

*L'Orient_*
Est Mon Refuge_
Intérieur…

*L'Asie_*

Mon Espace_ de
Sérénité…

163.

A Un Pas, de La
Fraternité_

Se, Joue Le
Contraste_ de Tant,
De Nuits_

Voulues...

Je Veux_ La Paix.

Non, Plus, La Guerre,
Fratricide...

*Au_ Cœur_ de L'Aurore_
Est_ Le Néant_*

De Clarté...

*X_ La Victoire_*

De La Lune...

*... Pour_ Les Uns_ X
Les Autres... ...*

'AKA'

164.

I/

J'Ai_ Atteint_
L'Âge de 40 Ans

... J'Ai_ Besoin
D'Avoir_ de La
Maturité_

X_ Un Peu de
Sagesse_ Sur Mon
Visage...

... L'Esquisse, Sûre,
D'Une Barbe_
A_

L'Allure, Improvisée,

La_ Tête_ Rasée
X_ Nue_

X_ Un Peu_ d'Essence/s,
De Musc.... ...!

II/

Ne_ Sois Pas, *Aveugle
A_ L'Art*...

165.

Entre_ Deux, Vers,
X_ Une Prose_

Près_ d'Une Coupe_
X_ de L'Al Khôl...

Clair_

Je Marche_ Sur_ Le
Sol_

*Comme_ dans Un
Jardin_ de Fleur/s...*

*... A L'Épreuve_ du
Temps_*

*X_ Des Marges
d'Aurore/s
Pourpre/s_*

Qui_ A Voulu,
Médire_ Sur

*Louis, La Fleur_
Louis,*

L'A/K/. ...!?

166.

I/

De L'Al Khôl_
Interdit_

A_ La Fleur_
Du Vin_

... *Garde-Toi de
L'Ivresse_
Que Tu N'A Su
Saisir_ En Droit/s*

... De Marcher_
Pieds_ Nus

Parmi_ Les Fleurs_

*X_ de Succomber,
Bon Derviche_*

*Hirsute_ X_
Soule_ Barbe_
Pourpre/s_*

*X Or/s_*

Pour Mélodies_

De Silence/s_
X, Réminiscence/s_

Psalmodiées... ...

'AKA'

II/

Les Lueurs_ de
L'Aube_
Pardonnent_

La Coupe_ de
Vin_

Mais_ Pas_ Le Mépris,
De La Poésie...

... ...

'AKA'

I/

Ô, Toi_ Rose Ébène_

Aux Velours_

Du Matin

De Qui Dis Tu

L'Oubli Pourpre
X_ Or/s...

De L'Instant, Si
Vrai_?

... J'ai Abandonné
Ma Place

Pour
Prouver Mon Amour

... Je Suis Rouge
De Clarté/s

Au Néant Azuré,

Mendiant,
Quelques Pétales

Dansant X Soul... ...!

'AKA'

II/

*Je Chemine_ Vers,
La Coupe_ de
Vin_*

Sur_ La Voie,
Ornée...

... ...

'AKA'

168.

J'Ai Offert
Mon Orgueil_

Sur Un Plateau
De Fleurs...

... X J'Ai Vu_

Mon Cœur,

*Tranché Par Le Sabre_
Des Sentiments.*

Je N'ai Point, Eu Peur

*Mais Puis-Je Encore
Souffrir...?*

J'Ai Le Rire
Du Frère_ Qui A Goûté
Au Respect_

*Dans Toute La Piété
Due... ...*

'AKA'

169.

Nous Sommes_

Le Réel...

... Nous Sommes_

*Ceux_*
Qui Se
Sont_ Éteints...

Il N'Est_ Jamais, Trop Tard

Un Instant...

... *Pour Croire_ X*
*Goûter_*

A La Beauté des Fleurs... ...

Pour Croire, Un
*Instant_*

x Aimer_ Encore Plus.

'AKA'

170.

I/

La Victoire_
Est de Défendre
Son Âme...

Pas d'Avoir
Un Droit_ Sur Les
Autres...

*Le Sens_ de
La Clarté_
A Fait Naître_*

Un Arabisme... ...

Plus Redouté_
x Redoutable_

*Que La Fleur_
Qu'On A
Jamais
Vue... ..*

II/

J'Ai_ Cru_ *Aux Versets
De L'Aube...* Le Bon Cru_
De L'Ivresse_ *m'A_
Acquis_ A L'Humilité...*

171.

I/

J'Ai_ Assumé
Ma Blancheur...

J'Ai_ Fait
Honneur_ A ma
Clarté...

*Albe X
Nègre_ Est La
Corolle_ de Pureté...*

*Jusqu'A
L'Éclaircie_
De La Sophistication
Maure_*

II/

*La Langue
Des Voyageurs_*
Se Parle_ *Avec Le Cœur...* ...

J'Interpelle_ Par,
Quelques *Vers_*
*L'Oiseau_
De L'Amour.*

172.

I/

Voilà_ L'AKA
Le Khôl_
L'AK...

*Je Ne Suis_
Point_ Votre Laquais*

*De La Marge_*

*Des Corolles_*

Interdites... ...

L'Issue_
Est Poétique_
Mais Jamais_

Si_ Trouble... ...

*Le Vin_
Jaillit_ d'Aurore/s... ....!*

II/

*Au_ Delà_ de L'Ébène_*
Il_ Y A_ Un Soupçon_
De Vérité... X *Un Parfum_
De Différence/s...*

173.

I/

Dans Les
Confins de L'Ivresse

J'Opère_
En_ Extases_
X_ En_
Poésie__

Le Tracé_
D'Une

Calligraphie_ que
Je Signe du Nom
d'AKA_

Pour Mettre Fin
Au Débat...

*X_ Aux_*
Discussions, Sans Fin...

II/

Je Bois_ du Vin, Par
Conviction_ X, Je Connais
Ma Pratique...
Mon Tapis_ Est, Empreint, de Fleurs

174.

I

La Coupe_ de Vin
M'A fait
Passer_ de
L'Exclusion_

A
La Noblesse_ du
Cœur...

*L'Arabisme_*
M'Offre_ des
*Horizons_*
De Liberté_ X d'Issue,

Poétique_
Face_ A L'Impasse

Je Suis_ Étourdi_

De Fraternité...

X, Ivre_ De
Jardins, Fleuris_

*Éclos_ Puis,
Disparus_*

*... Dans des Mirages
D'Oasis_*

*Avant_ de M'Apparaître,
Trop Réels... ...*

'AKA'

II/

La_ Fleur_ Fragile,
Pousse_ Au_
Milieu_ des Ronces...

*Ne Respire_ Pas
Son Parfum_ Qui Veut_*

*Ne_ Trahit_ Pas,
Cette_ Ivresse, Close,
Qui L'Aime... ...*

217

175.

I/

Je Poétise_
Sur Les Fleurs_
X_ Les Oiseaux_
Afin_ que Tu
*Saches_*
*Pourquoi_*
*Je m'Appelle_*
A.K...

Là_ Où_
Les Dunes_ se
Meuvent_
Il Reste_ des
*Fleurs_*
Dans le Désert... ...

X, L'Horizon, Est,
Joli... ...

II/

Si_ ce N'Est_ Lui,
C'Est_ Donc Son Frère... !

Si_ ce N'Est L'Heure_ C'Est,
Donc_ *L'Aurore_*
D'Un Instant... ...

218

176.

I/

*J'Ai Trempé_*
La Laine_ de
*Mon Turban_ dans Le Vin_*

Afin_ de Porter
Haut_
L'Honneur_
Du Cœur_ Le
Plus Ébloui...

*X, Doté_ d'Ailes_*
Pour Voler...

'AKA'

II/

*L'Amour_ Est_*
*Un_*
Combat... ...

... ...

'AKA'

177.

*La Rose_ s'Est
Mise A_
Éclore_ Tel,
Le Soleil_
Qui Se Lève_
A L'Orient...*

Ou_ Telle_
La Lune_
Qui Monte_
Haut_ Dans Le
Ciel_

*Provoquant_
Surprise/s_ X_*

*Étonnement_*

Tels_ des Tracés_
Invisibles_

Sur Le Visage,
Impassible...

*Du Négus_
Face Aux Versets_
Inattendus...*

'AKA'

178.

*Si Je N'Ai
Pas de Dreadlocks_
Ce N'Est Pas Par
Hasard...*

*Ma Barbe_ Est
Longue_ X
Son Extrémité,*

Est Recourbée... ...

*L'Art_ d'Être
Vêtu_ de Blanc
Fait Honneur
À*
La Lune Haute

*d'Avoir Fait
Éclore*

*Des
Arabesques, de
Fleurs*

Sur mon Tapis
De Prière_

X d'Ivresse.... *Pure.*

'AKA'

179.

*J'Ai_ Choisi
De Ne_ pas
Porter_ de
Dreadlocks
De Mauvais_
Augure... ...*

J'Ai_ Laissé
Poussé
Ma Barbe_
Pour Les
Silences_
Les Plus
Maures... ...

*Un Rosacée_
De Clarté
A Éclos_ Aux
Aurore/s...*

X Je Suis
Derviche_ *Pour
Une Orée_
Qui Fera_ Fleurir
Un Cœur...*

'AKA'

180.

L'Al Khôl_ m'Arabise...

Mais_ L'Aurore_ N'Est_ Pas_ *Sombre...*

*Bien qu'Auréolée_ De_ Pourpre/s_*

En_ Fractales_

X_ Reflets, Irisés_

De L'Au_ Delà_ des Orbes...

X_ des Aubes...

... ... *L'Arabisme...*

*S'Est_ fait, Poésie_*

En_ Calligraphie...

De Nuit_ Sur_ Jour/s

Avec_ La Lune_ Suprême_ Pour Clarté...

X_ La Fin_ des Ténèbres...!

181.

Je Suis_ L'Imam_ du Raisin,

X des Fleurs_
Très
Pures... ...

Je_ Suis_
L'Ayatollah_

Conquis_ Par_

L'Ivresse...

Couronné, d'Un
Turban_
De Fleurs... ...

*Mon Cœur_*

A_ Vu Le Vent
*Dissiper_*
Le Noir_ X Blanc

*Du Contraste_*

L'Arabité_ Méconnue... ...

'AKA'

182.

*Je_ N'Ai_ pas La Prétention
De*

*Croire_*

*Mais_ je Prie_*

Quand Même... ...!

Que_ je Sois_ Ici, Ou_ Là

Ne Crée_ en moi, Moins_
de Clarté/s_

... Arabisme_!

Ô, Viens_ *Par_ Le Temps_*

*Des Dunes_*
Environnant_ *Un*

Cœur...

La Fleur_ *de L'Al
Khôl_*

Est Aussi_ *Claire_*
Que_ Pourpre/s... X Ors Purs...! ...

183.

*Quand_ On Aime,
On N'A_
Jamais Raison,*

On A_ *Toujours Tord.*

La Voie_ du Cœur,

Ailé_

Résonne_
D'Ambition/s

*D'Être_ Pauvre...
... X, Ivre...*

Dansant_ Ébahi_

X_ Gauche_

*Sous_ La Lune_*

*Qui_ Resplendit_*

Du_ Levant... ... !
X, de L'Extrême_ Orient

De La
Corolle_ de La Limite...

184.

L'Al_ Khôl_ de
Mon,
Cœur_ A
Fait_ Éclore mon
Tapis_
de Prières...

*De Fleurs_ Très
Roses_
En Corolles_
De Clarté/s_*

Pourpres...

Si_ Dieu_ Ne m'A
Pas Vu_

*C'Est_ que J'Ai
Aimé_ Trop Loin...*

Les_ Pétales_
Aux_ Éphélides...

Procurent_ de La
Grâce_

Aux *Tourments.*

... Sur_ Le Chemin, Droit... ... !

185.

I/

Sur, L'Horizon_

Surgissent_

Les Rayons_ de
L'Aurore... ...

Auprès de_ L'Île_
Exquise_

D'Oasis_ X Dunes...

*Médite_*

*X Veille_*

... A.K.

Un Poète_ Armé...

... D'Un_ Calame_ En_
Guise_ de

*Sabre_*

*Tranchant_ Comme_
Le_
Sourire_ de*

La Lune...
Proclamant_

... Le Raisin_

X L'Orée_ de La Fleur_

Pure... ...

*Pour Cisailler_*

L'Insincère...

X_ Les Flammes_ du Prosaïsme...

'AKA'

II/

*La_ Rose_ Arabe_
M'A_ Ravi_
Jusqu'Aux_
Confins_ du Désert...*

... ...

186.

Mes Origines_
Ne Sont_
Pas Inscrites
Sur Mon_
Visage_

X Quand Bien, Même,
Ce_ Ne Serait_
Pas Une Preuve...

Au_ Prestige_ de
L'Apanage...

Je Préfère_ La
Gloire_ Fleurie_

Du Néant_ Sur_
Son, Trône_

X, De La Beauté_
De L'Orée... ...

Comme, Épreuve X
Art... ...

'AKA'

187.

Tels, Les
Battements_ d'Un
Oiseau...

D'Ailes_ Ou de
Cœur...

Je Suis_ Érudit,
*D'Arabisme/s_*
Persan/s...

Prêchant_ Une
Rose_ Noire...

*Maure_ Vêtu_*
*De Blanc_*
D'Un_ Médiévisme,
Futuristique... ...

*... La Rose Noire_*
*Est Le Sceau_*

Du Garçon
Courageux, X Ivre_ de Clarté/s...

Tenant_ Ferme, Face_
Aux Épreuves...

X_ A L'Imprévu... ...

188.

Mes Origines_ Ne
Sont Pas Inscrites
Sur Mon Visage

Quand Bien Même,
Je L'Aurais, Scarifié...

Quand Bien, Même,
*Je L'Aurais_*
Marqué_
*Par Les Calligraphies,
Du Désert...*

*Enveloppé_ de
Blanc_
Ou de L'Éclat_
Profond_ des
Oasis...*

Je Ne Dirai_ Mon
Nom_
*Mais Je Doute Que
Tu Ne T'En, Souviennes*

... ...

'AKA'

189.

Tel_ Marqué_
Par_ Le
Temps...

... Dans Le Désert,
De L'Au Delà_
Des Ères...

A Travers_ Les_ Temps_ X
Au_ Delà_

J'Erre_ Sur, Mon
Chemin_

En Poète_ des
Tracés_

X des, Calligraphies

... Sûr_ de L'Imprévu,

X_ de La Grâce_ de
Vivre_

Aussi...

Sabre_ de L'Esthète,
Sous Forme_ de Calame.

X_ de Rose_ Au Cœur...

*Quand Je Vois_* des,
Dreadlocks_ Rouges...

*... Qalandar/s_ Vêtu_
De Pourpre/s...*

*... Haut Bâton_ de
Derviche/s...*

Feuilles_ X
Pétales_ de Roses
Épars...

... Ou, Un, Crâne_ Rasé...

Une, Barbe_ Hirsute...

Un, Tapis_ de Velours

Marqué_
d'Arabesques_

*... Je Marche, Pieds_ Nus_
... Sur Calligraphie
_ de Fleurs...*

X_ me Prosterne_ Au Milieu_
D'Un Jardin_ De Rosaces...

'AKA'

La Voie des Lettres X des Versets...
/Texte Thématique Sur La Poésie du Néant X Du Contraste/

L'Eau_ Efface_
Les Lettres_ Sur
La Tablette_

De L'Instant_

Puis, Renaissent_
Les_

Moments_ Purs

De Grâce_ X Beauté_

Que_ Nul
Mot_

N'A_ Jamais_ Prévus...

Sur_ la Voie_
De_

La Fleur...

'AKA'

I/

Je Médite_ En
Retraite_

En Une Sphère_
Où_ Les Perles_
Abondent...

Parallèle, Parmi,
Les Ères,
Qui se Succèdent,

En Souvenirs, X_
Instants, Précis...

De Prières, X Poésie/s_
De_
Réminiscence/s...

Au Milieu_ des Parfums

Des Silences_

X Essences_

De Méditations_
Imprévues...

II/

La_ Calebasse_ Quelques_ pas

Au_ Loin_

Est_ Remplie_ d'Eau Fraîche_ de

Rivière/s...

X d'Essences_ de Parfums_ de Fleurs...

En Pétales_

X Corolles_

Aux Drôles_ Évocations, De L'Ivresse_ Pourpres...

Je Lave_ mes Mains_

Mon Visage_ X_ mes Pieds,

Juste_ Après mes Bras...

X_ Ressens_ Le Moment,

De La_ Paix_

M'Étourdir_ Enfin... … !

III/

J'Opère_

Un_ Tracé_ de Gestes

X_ de Silences_

En_ Paroles_

D'Instants_ Éprouvés...

… Puis, Je_ Ressens_

La_ Beauté_

De L'Or_

De L'Encens_

Du Musc_

X_ des

Perles_ Mûres...

IV/

Un_ Moment_

Saisi_

Par_ La Grâce_

De ne Plus_
Penser...

Je Vois_ La Clarté...

… Si_ Belle_

Si Pure...

De L'Aube_ Traverser

Mon Cœur_

X_

L'Art_

Clarté_

De_ mes_ Yeux_
Clos...

V/

Le Calame_ de Mon

Cœur_

Décrit_ des Mondes

Autant_ qu'Il En Perçoit...

L'Âpre_ X Ronde_

Sentence_ des Jolies_ Perles_

Du Compte_

Des Temps_

Des Lettres_

Des Vins_

Tant_ Déversés...

Par L'Amour_ de L'Heure_

de Rester_ Seul... Avec Son Seigneur.

VI/

Je_ Suis_ Ivre...

Je_ me Lève_
X Danse...

J'Inspire_ de
L'Air_

Mais_ Aussi_ La
Mélodie_

De La Grâce_ de Vivre_

X_ d'Aimer...

En Sphères_ X_
Mondes_
Clos_

De Verts_ X Rouges_
X Pourpres_

X, Ébènes_

Moments_ de Beauté

En des Jardins_ Intérieurs_ X Éclos.

VII/

Les_ Lettres_ Naissent_

X_ s'Evanouissent_

… En Bon/s_ x Dosé/s_

Flot/s_ de Soupirs_

… Comme_ des Mots_ jamais Dits_

Mais_ Pourtant Fleuris_

Sur_ La Voie_

Parée_

De Joyaux_ x d'Émeraudes

X_ de Pas_ de Gazelles_

X_ de L'Art_ d'Être_ Soi

Là_ Où_ Plus Rien, N'Existe_

X_ Pourtant Naît_ X Survit...

…

'AKA'

- FIN -

L'Extrême_ Mendiant_
De L'Amour_
N'A Pas Peur_ de
Boire du Vin...

...

'AKA'

Pour Marcher_ Parmi,
Les Derviches_
Il faut Avoir
Un Cœur Honnête,

Ou se Perdre...

*Je Calligraphie_
La Poésie_
Afin Que Tu Le
Saches...*

'AKA'

Bio X Infos/
Bio/Infos/Liens/Bibliographie/ Discographie/ & Vidéographie/.

Regarde_ Les Dreadlocks_ d'Un Maure_

En Train_ de Prier...

… Regarde_ Son Frère_

Tête_ Rasée_

En_ La Lune_

Courbe_

Du Contraste_ de la Nuit_ Opaque...

L'Aurore_ Est Là Quand

Même..

… X_ Le Tapis Est

Marqué_ de Fleurs...

'AKA'.

Bio

AKA Louis est un Poète et Créateur de Dessins Artistiques, Auteur d'Opus Poétiques Littéraires, Audio et Visuels. AKA Louis publie régulièrement de nombreux ouvrages, parmi lesquels, des Recueils de Poésie, évocateurs, et rafraîchissants, ainsi que quelques Recueils d'Esquisses Couleur, accompagnés de Textes liés à des thèmes forts et inspirants.
Les Dessins Artistiques d'AKA Louis, sont des Créations qu'il nomme 'Esquisses Colorées', et qui se situent entre le Dessin et la Peinture...
Pour exprimer et partager, son goût d'une Vie Intérieure fleurie, et positive, AKA Louis utilise les Feutres à Alcool, Les Pinceaux, L'Encre de Chine, et toute une variété de pointes fines et biseau traçant la Beauté du Monde, et l'Originalité saisissante de l'Art de Vivre authentique.
Les Œuvres Graphiques d'AKA Louis tendent, en partie, à se diriger vers la Peinture sous une forme expressive et abstraite...
Le Nom de Plume d'AKA Louis, fait d'abord référence, par Jeu Phonétique, au vocabulaire Japonais, mais peut aussi s'interpréter selon une lecture originale de différentes Langues Orientales.

On y retrouve les Notions de 'Frère Ainé', d'émotions liées à la Couleur Rouge, à la Clarté et à la Lumière, ainsi qu'à l'Ivresse, à la Marge et au Plaisir de Vivre. AKA Louis est également Musicien et Lyriciste sous un autre nom d'Artiste, en tant qu'Auteur, Compositeur, et Interprète de nombreux Projets Musicaux.

Contact

akalouis.plume@yahoo.fr

- Liens -

Twitter

@AKALouisPoete
https://twitter.com/AKALouisPoete

Facebook

https://www.facebook.com/akalouisecrivain/

YouTube

Chaîne :
AKA Louis/Poète x Illustrateur

Tumblr

http://akalouisecrivain.tumblr.com/

AKA Louis/*Silent N' Wise*

http://akalouis.silentnwise.com/
www.akalouisportfolio.silentnwise.com

Ouvrages de l'Auteur
(Liste Non-Exhaustive)

Les Axiomes Démasqués
(Recueil de Textes et Nouvelles) (2015)
(…)
Le Recueil D'Esquisses Colorées
(63 Croquis Colorés et 7 Textes Poétiques)
(2017)

(…)

The Colored Sketches Collection
(63 Colored Sketches And 7 Poetic Texts) (2017)

Derviche/s
(Portraits d'Anachorètes en Peinture/s)
(2018)

Dervish/es
(Portraits of Anchorites in Sketche/s)
(2018)

Le Frère
(Salutations à Mes Frères en Ivresse/s)
(2018)

Ô, Rose Noire d'Iran
*(Pèlerinage Vers L'Unité
Interne de La Beauté)*
(2019)

Vision/s
*(Éloge de L'Intuition Pure et de
La Vision Interne Sans Formes)* (2019)

Le Disciple de La Colombe
*(Une Œuvre Poétique En
Hommage à Malcolm X)* (2019)

La Proclamation du Raisin
*(Manifeste Poétique
d'Ivresse/s & de Délivrance)* (2019)

La Rose Andalouse
(Patchwork de Poésie x de Culture/s)
(2020)

La Coupe de Vin &
L'Arabisme
*(Ou La Voie Poétique
des Lettres & des Versets)*
(2020)

Audio x Vidéos
(Opus Sonores x Visuels)

Films Poétiques
(s/ YouTube)

POEMes CRISToLIENs #1
(Créteil, La Cité De L'Aube, Part 1 x 2)

POEMes CRISToLIENs #2
(Peinture Murale, Part 1 x 2)

Un Poète...
(Esquisses de Déclamation/s Poétique/s)

Les Poèmes d'AKA – Série de Vidéos

ô, Rose Noire d'Iran/ *La Déclamation...*

Le Disciple de La Colombe
– *L'Éloge... (A Paraître...)*

La Coupe de Vin & L'Arabisme
(Un Film d'Art & de Poésie)
(A Paraître...)

Opus Audio
(s/ Bandcamp)

POEMes CRISToLIENs #1
Créteil, La Cité de L'Aube

POEMes CRISToLIENs #2
Peinture Murale
/Un Hommage Au Graffiti

Corolle/s

ô, Rose Noire d'Iran/ La Déclamation

Entre 2 Indes

AKA Louis - Conseils de Lecture /1
(Introduction x Aperçu)

Mes Meilleurs Ouvrages Sont mes Recueils de Poésie. Ce sont les seuls que Je Conseille, aux Lecteurs, désireux, de connaître ma Littérature. Les plus Notables sont, mes derniers Ouvrages, depuis 'Le Recueil d'Esquisses Colorées'. Les Ouvrages Antérieurs Sont Moins Réussis. 'Ivresse de l'Eau', qui évoque le Temps Originel, comme une bonne part de mes livres, de manière plus ou moins évidente, est un Livre intéressant, mais il contient des maladresses, tout comme 'Origine/s', qui reste un Ouvrage audacieux. Mes autres Travaux sont plus ambigus, en termes de valeur littéraire, et d'interpellation du lecteur, selon moi. 'Les Axiomes Démasqués', m'ont valu d'excellents commentaires, et critiques de lecteurs, captivés par sa narration, et sa singularité, mais sa syntaxe, et son esthétique formelle, reste pour ce qui me concerne, plutôt, inaboutie… C'est un livre, particulier, que J'ai écrit, pour régler, une dette, que J'avais envers la Vie… Je ne le conseille pas nécessairement, mais, il reste disponible à la lecture. 'Asymétrie Paradisiaque', et 'Ballade Anti/Philosophique', ne sont plus disponibles depuis le mois de Mars 2018…

AKA Louis,
Poète X Illustrateur.

AKA Louis - Conseils de Lecture /2
(Les Meilleurs Ouvrages)

Les ouvrages publiés à partir du 'Recueil d'Esquisses Colorées' seront a priori d'un intérêt littéraire plus solide que mes tout premiers travaux poétiques, mais aussi d'une maîtrise plus aboutie en termes de proposition littéraire. 'ô, Rose Noire d'Iran' est, dans le fond comme dans la forme, un de mes meilleurs projets. Voici, dans un ordre aléatoire, une liste de mes ouvrages les plus incontournables :

'Le Recueil d'Esquisses Colorées'
'Derviche/s'
'Le Frère'
'Ô, Rose Noire d'Iran'
'Vision/s'
'Le Disciple de La Colombe'
'La Proclamation du Raisin'
'La Coupe de Vin & L'Arabisme'

Tel Omar_ Accoudé_
A Un Arbre_
En Fleurs...

*Je Répands_*
*Cette Science_*
Qu'Est L'Art
Subtile_ de Boire
Du Vin.

J'Ai Demandé_
A Omar_

'Pourquoi Le Vin,
Est-Il Si Bon...?'
*Il M'A Dit_*

'Mon Frère Au
Visage Pourpre_
Le Vin Aura Raisin
De Toi...'

'AKA'

AKA Louis
La Coupe de Vin & L'Arabisme

*Drapé_ de Pétales
De Roses_*

*Tel_
Faisant_ Un Kata
De Poète_
Affirmé...*

De L'Art_
Sont_ Les_
Corolles_

Confirmées_

*Que_
J'Entrevois_*

*X
Qui Montrent_ La
Voie...*

Quand_ Je Suis, Ivre...

'AKA'

Pourquoi_ Me Serais-Je Perdu_ ?

En Contraste_

La Main_ Tendue,

*N'Est_ Pas Celle De L'Homme_*

*Mais_ De L'Ange_*

Enivré...

... Bois_ Avec moi_

En Cette Coupe_ Des Merveilles_ Du Cœur...

Les Fleurs_ Sont_ Pourpre/s X Or/s...

'AKA'

*Je Suis_*
Le Père_ de La Gazelle,
Gambadant, *Alerte*...
Éprise, Jamais_ Prise...

'AKA'

Regarde_ Au_ Loin,

Le Désert_ Est,
Encore_ Là...

X Pourtant_

Les Fleurs, Poussent_ !

… Drape-Toi_ d'Étoffes_

Afin_ Que Nul_ Ne
Voit_

*Que Nos
Cœurs Frémissent...*

…

'AKA'

Je Prêche_
L'Al Khôl_

Aux Horizons_
Prosaïques...

La Poésie_ Aura,
*Raison_*
de L'Instant...

De L'Attente.

'AKA'

Emporte_ moi,
Au Loin, Ô Tourbillon,
De_ Corolles...

Ébène/s, Pourpre/s
X Or/s_ Sont, Les
*Pétales_ Qui_*
Évanouissent... Le Temps.

...

'AKA'